AF288111

Heiko Bräuning

Was unterwegs geschehen ist

HEIKO BRÄUNING

„was unterwegs geschehen ist"

HOFFNUNGSGESCHICHTEN
AUF DEM LEBENSWEG

cap-books

Bestell-Nr.: 52 50438
ISBN 978-3-86773-196-6

Alle Rechte vorbehalten
© & (p) 2014 cap-books
Oberer Garten 8
D-72221 Haiterbach-Beihingen
07456-9393-0
info@cap-music.de
www.cap-music.de

Lektorat: Esther Middeler
Umschlaggestaltung: Olaf Johannson, spoon design
Druck: GGP Media GmbH

Bibelzitate aus:
Die Bibel nach der Übersetzung Martin Luther in der revidierten
Fassung von 1984. Durchgesehene Ausgabe in neuer Rechtschrei-
bung.© 1984 Deutsche Bibelgesellschaft, Stuttgart.

Der Verlag hat sich bemüht, alle Rechteinhaber zu ermitteln. Sollten
dennoch Inhaber von Urheberrechten unberücksichtigt geblieben
sein, bitten wir die Rechteinhaber, sich mit dem Verlag in Verbin-
dung zu setzen.

Inhaltsverzeichnis

Einleitung

„Was unterwegs geschehen ist" – ein Zitat aus der Geschichte der Emmaus-Jünger (Lukas 24). Nachdem Jesus ihnen auf dem Weg begegnet war und sie einige Zeit mit dem Auferstandenen verbracht hatten, mussten sie den anderen Jüngern in Jerusalem einfach alles erzählen – von dem, „was unterwegs geschehen ist".

Wer mit Jesus Christus unterwegs ist, wird zu erzählen haben! Denn es geschieht so viel! Oft sind es Kleinigkeiten, Nebensächlichkeiten, Unscheinbares, Unvorhergesehenes, Unverhofftes, Unerwartetes, Beiläufiges … Und wer genauer hinschaut, entdeckt immer wieder, dass sich bei diesen Begebenheiten doch Jesus Christus zu uns gesellte, mit uns unterwegs war, und so unterwegs die ein oder andere Hoffnungsgeschichte entstand. Mir sind viele solcher Ereignisse vor Augen: selbst erlebt oder gehört. Und was mich persönlich am meisten beeindruckt und bewegt hat, musste ich natürlich weitererzählen! So ist diese Sammlung von Hoffnungsgeschichten entstanden.

Zum Ersten also nun: Herzlichen Dank an alle, die mit mir unterwegs sind oder waren. Und die zum Entstehen der Geschichten beigetragen haben. Natürlich vor allem auch ein Dank an meine Frau und meine Kinder. Und vielen Dank an Esther Middeler, die Lektorin, die viel Zeit in dieses Buch investiert hat! Auch an Andreas Claus, den Verlagsleiter des cap-Verlages – allein die Begegnungen mit ihm könnten in der Zwischenzeit schon Bände füllen. ☺

Zum Zweiten habe ich den großen Wunsch, dass diese Geschichten wirklich Hoffnung verbreiten! Und eventuell meine Leser anregen, selbst Hoffnungsgeschichten zu sammeln, zu erzählen und aufzuschreiben. An dieser Stelle muss ich gestehen: Ich bin neugierig! Wenn Sie daher möchten, schreiben Sie mir gern Ihre Hoffnungsgeschichten (heiko.braeuning@t-online.de). Mit ein bisschen Glück finden Sie dann Eingang in ein nächstes Buch!

Und nun machen Sie sich auf den Weg mit mir. Ich will Ihnen erzählen, „was unterwegs geschehen ist".

Ihr Heiko Bräuning

Von Schnecken
und Hindernissen

Wir werden den Schnecken
das Rutschen beibringen! (Teil 1)

Vor Kurzem kam ich von der Arbeit nach Hause. Den ganzen Tag über hatte es geregnet, aber jetzt schien die Sonne. Im Garten hörte ich Kinderstimmen. Ich lief in den Garten, um zu sehen, was mein Nachwuchs machte. Da sah ich an der Kinderrutsche im Garten Rebecca (8) und Jeanetta (4) spielen.

Ich ging zu ihnen, wollte sie begrüßen und sah etwas Seltsames auf der Rutschbahn. Da klebten ganz oben acht Nacktschnecken. Ich fragte Rebecca, was sie denn da auf der Rutschbahn machten. Sie antwortete: „Papa, wir bringen den Schnecken das Rutschen bei!"

Da staunte ich nicht schlecht! Jeanetta war mit ihrer kleinen blauen Gießkanne ganz oben auf die Rutschbahn geklettert und ließ nun langsam Wasser herunterlaufen. Die Schnecken mussten rutschen ... ob sie wollten oder nicht!

In diesem Moment erinnerte ich mich an ein Wort von Jesus: „Werdet wie die Kinder!" *Ja*, dachte ich, *so will ich werden. Ich will wieder frei sein von allen Zwängen, um solch verrückte Ideen spinnen zu können. Frei sein von allem Belastenden, um aus dem Rahmen zu fallen.*

Und das ist nach wie vor mein Wunsch! Lassen wir uns durch unseren Glauben ermutigen und inspirieren, in der Kraft Gottes den vielen persönlichen Schnecken unseres Lebens das Rutschen beizubringen. Schließlich haben wir es in unserem Alltag mit so vielen „Schnecken" zu tun: in unseren Beziehungen, in der Berufsplanung und im Arbeitsalltag, in der Erziehung, usw. Möge Gott uns die Kraft schenken, groß zu denken und Großes zu erwarten!

Ich habe den Schnecken das Rutschen beigebracht! (Teil 2)

Zu den rutschenden Schnecken gibt es noch eine Fortsetzung. Ich hatte die Geschichte in unserem Gottesdienst erzählt. An einem der darauffolgenden Sonntage kam ein junger Mann gemeinsam mit seiner Frau auf mich zu. Ich kannte ihn als gestandenen Familienvater mit einer eigenen Firma. Er erzählte mir: „Herr Pfarrer, es war vor Kurzem bei uns im Garten: Zuerst vergewisserte ich mich, dass mich ja keiner beobachtete. Ich wollte das ausprobieren, was Sie erzählt hatten. Also habe ich zwei Schnecken auf die Kinderrutsche gesetzt und ein bisschen Wasser darüber gegossen. Ja, ich wollte den Schnecken das Rutschen beibringen. Und wissen Sie was? Es hat funktioniert!"

Also probieren Sie's aus – mit einer großen Portion Gottvertrauen –, damit die Schnecken das Rutschen lernen! Vielleicht hilft Ihnen dabei das Lied eines guten Freundes:

Alles ist möglich

An manchen Tagen, da kann ich nicht singen,
kein Text und kein Ton fall'n mir ein.
Ich fühle die Freude in mir zerrinnen,
dabei könnt ich doch glücklich sein.

    Denn alles ist möglich, dem der dir glaubt,
    der dir sein Leben ganz anvertraut,
    nichts ist unmöglich, dem der zuletzt
    durch deine Kraft selbst Berge versetzt.

An manchen Tagen kann ich nicht hoffen,
weil vieles so sinnlos erscheint.
Ich sehe, die Zukunft vor mir ist offen
und ich bin ohnmächtig und klein.

An manchen Tagen, da möchte ich singen
und handeln und hoffen zugleich.
Ich fühl eine Quelle in mir entspringen
und dann bin ich unendlich reich!

    Dann weiß ich: Alles ist möglich, dem der dir glaubt,
    der dir sein Leben ganz anvertraut,
    nichts ist unmöglich, dem der zuletzt
    durch deine Kraft selbst Berge versetzt.

Text und Musik: Reinhard Börner
© 2012 cap-music, 72221 Haiterbach-Beihingen
aus der CD von Reinhard Börner: Jeden Tag so zu leben

Umleitungen

Oh nein, nicht schon wieder! Ich fahre in der Nacht bei heftigem Regen, will nach Hause. Mir reicht's. Genug ist es mit den vielen Kilometern im Auto. Und dann plötzlich vor mir im Scheinwerferlicht dieses gelbe Schild: Umleitung.

Ich überlege, ob ich trotzdem weiterfahre, denn manchmal haben die Bauarbeiter ja nur vergessen, das Schild wegzuräumen. Manchmal kommt man ja doch noch irgendwie auf die Hauptstraße durch … aber es geht nicht. Die Straße ist gesperrt. Überall stehen Absperrungen. Ich muss die Umleitung in Kauf nehmen. Sie führt mich durch endlosen Wald und über eine nicht enden wollende Straße, sehr zu meinem Ärger.

Umleitungen. Wir kennen sie auch von unseren Lebenswegen. An so vielen Lebensabschnitten kommen plötzlich Umleitungen. „Veränderung der Verkehrsführung", so nennt es der Fachmann.

In solchen Situationen hilft mir das folgende Glaubensbekenntnis von Paul Tournier:

„Ich glaube, dass Gott mich führen kann, selbst wenn ich meinen Weg noch nicht klar

sehe. Es handelt sich darum, mich ihm zu nä-
hern, vor ihm still zu sein und ihn zu bitten,
zu mir zu sprechen, mir in jedem Augenblick
zu zeigen, was er von mir erwartet. Ich weiß
wohl, dass er von uns immer nur eine Sache
auf einmal verlangt, und diese Einfachheit seines Willens kann uns von unserer Ungewiss-
heit befreien. Wenn ich wirklich danach trach-
te, seinen Willen zu tun, kann ich ihm die Sorge für alles andere überlassen, das ich nicht zu
tun vermag."

Übrigens habe ich vor Kurzem die „Ge-
heimsprache" der Straßenbauarbeiter gelernt:
Hängen an einem Straßensperrschild drei rote
Lampen, so heißt das, man kann noch durch-
fahren. Es ist zwar ein wenig holprig, aber
man kommt noch durch! Hängen fünf rote
Lampen heißt das hingegen: Es ist kein Durch-
kommen möglich! Gräben und Löcher machen
die Weiterfahrt unmöglich.

Betreten verboten
(nach einer Geschichte von Oscar Wilde)

Sie konnten es kaum erwarten, bis die Schule endlich aus war. Dann liefen die Kinder mit schnellen Schritten zum Garten des seltsamen Mannes, der auf dem Heimweg der meisten Schüler lag. Es war ein fantastischer Garten mit wunderschönen Blumen, riesigen Kletterbäumen, großen Rasenflächen zum Toben und sogar Wasserbächen, um sich im Sommer beim Planschen abzukühlen.

Die Kinder liebten diesen Garten, der sie den ganzen Schulstress im Nu vergessen ließ. Viele hoben sogar ihr Pausenbrot auf, um es nachher bei einem gemeinsamen Picknick im Garten des Mannes zu verzehren. Sie legten sich auf den Rücken, genossen die Sonne, hörten den Vögeln zu und beobachteten die Zweige der Bäume, die sich im sanften Wind hin und her bewegten. Nicht selten fingen sie dann an, gemeinsam Lieder zu singen. Oder einfach im Chor laut zu rufen: „Wie glücklich sind wir hier im Garten!"

Da kehrte eines Tages der seltsame Mann von einer langen Reise zurück. Als die Kinder ihn sahen, staunten sie nicht schlecht über seine Größe. Tatsächlich: Man sagte nicht nur, dass er wie ein Riese war – er war ein Riese! Als der Mann die Kinder in seinem Garten erblickte, wurde er erst rot vor Wut, dann weiß vor Zorn. Er fing an zu brüllen: „Verlasst sofort meinen Garten. Was habt ihr hier überhaupt zu suchen? Raus mit euch! Weg mich euch! Ich will euch zeigen, was ihr hier verloren habt! Nichts. Nichts. Sofort raus mit euch." Und er machte den Kindern Beine. Drohte ihnen. Rannte ihnen mit einem Stock hinterher. Und erwischte glücklicherweise niemanden. Dann begann er, eine hohe Mauer um den Garten zu bauen. Und als diese Mauer stand, nagelte er ein übergroßes Schild daran mit der Aufschrift: „Betreten des Gartens bei Strafe verboten. Eltern haften für ihre Kinder!"

In der Schule war die Stimmung von da an sehr gedrückt. Die Kinder hatten keine Lust mehr aufs Lernen, denn sie konnten sich nicht mehr auf das Spielen in dem schönen Garten freuen. Und das Schlimmste war: In der Zeit, als im ganzen Land die Blumen zu blühen begannen, die Vögel wieder ihre Nester bauten und die Sonnenstrahlen durch die erwachende Frühlingsnatur tanzten, blieb es im Garten des seltsamen Mannes, dem „bösen Riesen" – wie alle ihn nur noch nannten – tiefster Winter. Keine Vögel, keine blühenden Bäume, keine Sonne, keine Blumen!

Der seltsame Mann war merkwürdig berührt. Er begann zu grübeln: „Ich verstehe nicht, warum der Frühling nicht endlich kommt. Und warum bin ich hier so einsam? Ich verspüre keine Freude mehr. Der Winter macht mich krank!"

Eines Tages traute er seinen Ohren nicht: Aus der großen Tanne vor seinem dunklen Fenster war eine Vogelstimme zu hören. Dann traute er seinen Augen nicht: Als er den Vogel suchte, erblickte er wieder die Kinder in seinem Garten. Sie mussten wohl durch einen kleinen Spalt in der Mauer hereingekommen sein. Und wo sie spielten, schien die Sonne.

Plötzlich waren immer mehr Vögel zu hören. Der Riese holte sich einen Stuhl aus dem Haus und setzte sich auf die Terrasse. Er blieb jedoch nicht unentdeckt. Die Kinder sahen ihn und wollten flüchten. Da rief ihnen der seltsame Mann entgegen: „Bleibt hier. Bleibt hier! Spielt weiter! Ihr braucht keine Angst mehr zu haben!" Und er machte sich an die Arbeit, die Mauer einzureißen. Die Kinder halfen ihm dabei. Zuerst wurde es Frühling im Garten, dann Sommer. Und bald schon spielte der Riese täglich mit den Kindern im Garten.

Zur Freiheit gesungen

Bischof Ambrosius von Mailand war ein streitbarer und mutiger Bischof. Da er sich nicht nur in kirchliche Angelegenheiten einmischte, sondern auch in politische, kam er immer wieder in Konflikt mit dem römischen Kaiser Theodosius. Eines Tages spitzte sich die Auseinandersetzung so zu, dass sich folgende Begebenheit zugetragen haben soll:

Der Kaiser wollte den vorlauten und unbequemen Bischof mundtot machen. Dies gelang ihm aber nicht zufriedenstellend. So ließ Theodosius Ambrosius in seiner Kirche einsperren. Während eines Gottesdienstes in seiner Kirche, bei dem Hunderte von Gläubige anwesend waren, verriegelten Soldaten des Kaisers die Türen. Keiner konnte mehr heraus. So wollte man den Bischof im Streit mit dem Kaiser zum Einlenken zwingen.

Als die Gottesdienstbesucher merkten, dass sie eingesperrt und gefangen waren, berichteten sie dem Bischof davon. Dieser ließ sich nicht aus der Ruhe bringen. Er forderte seine Gläubigen auf, mit ihm zu singen. So erschallten plötzlich aus dem Kirchengefängnis lateinische Gesänge. Zuerst zaghaft, dann immer lauter.

Die Loblieder brachten die Soldaten fast zur Verzweiflung. Dank der fantastischen Akustik der Kirche konnte man die Glaubenslieder fast in der ganzen Stadt hören. Immer mehr Menschen strömten – angelockt von der Musik – zur Kirche. Die Soldaten hatten bald keinen Überblick mehr. Auch konnten sie vor lauter Menschen die Türen nicht mehr bewachen.

Irgendwann waren die Soldaten nicht mehr frustriert, sondern angesteckt; angesteckt von den Melodien. Von den Worten. Von der Freude beim Singen. Und sie stimmten in die Lieder mit ein. Dem Kaiser wurde das von Boten zu Ohren gebracht. Nicht lange danach erreichte den Bischof die Kunde, dass der Kaiser nachgab und sich für sein Gebaren öffentlich entschuldigte. Eine völlig unerwartete Reaktion.

Das erinnert an Paulus und Silas im Gefängnis: Auch dort vollbrachte das Singen ein kleines Wunder! Die Gefängnismauern stürzten ein. Ach ja, genau so wie bei Josua und den Posaunen von Jericho. Auch da zwang die Musik das übermächtige Bollwerk in die Knie. Und bei Saul war es doch auch so: Immer wenn David seine Harfe zur Hand nahm, beruhigte sich die aufgewühlte Seele in Saul und es kehrte Friede in ihm ein.

Kabelsalat und Knoten ohne Ende

Es gibt so ein paar wenige Dinge im Leben, die mich unendlich zur Weißglut bringen können: zum Beispiel ein unvorhergesehener Stau auf der Autobahn, den man vor ein paar Minuten noch hätte umfahren können – wenn man auf sein Navigationsgerät gehört hätte. Oder auch, wenn man in einem Restaurant länger als 40 Minuten auf sein Essen warten muss – obwohl einem versprochen wurde, es ginge alles ganz schnell. Was mich jedoch am meisten nervt, ist ein Kabelsalat.

An jedem Weihnachtsfest ist es das Gleiche: Man hat gerade gute Laune, will den Christbaum schmücken und muss dann feststellen, dass sich die Lichterkette gnadenlos verheddert hat … und braucht gefühlte Stunden, um den Kabelsalat wieder auseinanderzufriemeln. Oder man stellt kurz vor dem Rasenmähen fest, dass sich das Verlängerungskabel nicht nur in einem unerträglichen Zustand befindet, sondern sich in diesem Kabel auch zig Knoten gebildet haben, die einem Zeit und Geduld rauben. Und zu guter Letzt: wenn sich vor einem Konzert – und da ist die Aufregung ja ohnehin sehr groß – die Mikrofonkabel zu einem einzigartigen, undurchdringbaren Kabelsalat zusammengeschlungen haben. Wie gesagt: Meistens ist es so, dass sich zusätzlich zu dem Kabelsalat noch eine ganze Menge Knoten gebildet haben, was das Entwirren unheimlich kompliziert macht und einem viel Zeit raubt.

Kabelsalat und lästige Knoten – das kennen wir auch vom Lebensfaden. Gerade noch hat sich alles wie ein eleganter roter Faden angefühlt, da entsteht plötzlich ein Kabelsalat mit unzähligen Knoten: zum Beispiel durch körperliche Beschwerden, Krankheiten. Auf einmal bilden sich Knoten in langjährigen Beziehungen, die scheinbar kaum mehr zu lösen sind. Knoten entstehen auch, wenn man plötzlich mit Ablehnung, mit Feindschaft, mit Antipathie zu kämpfen hat, mit Verachtung, Kritik, Ablehnung. Wenn man den Eindruck hat: Ich werde gemieden, man geht mir aus dem Weg. Nichts geht mehr.

Oder die kleinen und großen Knoten, doppelt und dreifach, die die Sorge um die Zukunft in unseren Lebensfaden hineinbringt. Bei verschiedenen beruflichen, persönlichen oder finanziellen Herausforderungen merken wir auf einmal: Da hat sich ein Kabelsalat eingestellt, und die vielen Knoten bringen uns an den Rand der Verzweiflung.

Wie löst man eigentlich einen Knoten wieder? Wie kann aus einem Kabelsalat von Neuem ein schön geordnetes, aufgewickeltes Kabel werden?

Mir persönlich macht die Ungeduld den richtigen Umgang damit oft schwer. Am liebsten würde ich an allen Enden reißen, zerren – aber da tut sich nichts. Ich würde die Sache am liebsten hinschmeißen, in der Hoffnung, dass sich der Schlamassel irgendwie von selbst in Luft auflöst.

Der berühmteste Knoten, der Gordische Knoten, wurde auf andere Weise gelöst: Der Gordische Knoten war ein ganz komplizierter Knoten. Und dieser Knoten wurde in einem Heiligtum des griechischen Gottes Zeus aufbewahrt. Nach der Sage hieß es: „Wer diesen Knoten lösen kann, dem fällt die Weltherrschaft zu." Nun kam eines Tages Alexander der Große zum Tempel des Zeus. Als er den Knoten sah, zog er sein Schwert und zerhieb einfach das komplizierte Ding. Daraufhin eroberte er die Welt!

Das Wort Gottes wird als zweischneidiges Schwert beschrieben. Nicht jeder Knoten, aber einige lassen sich durch ein gutes Wort, zur rechten Zeit gelesen, gehört, zugesprochen, lösen!

Für mich persönlich hat das Wort aus Josua 1,9 schon viel gelöst: *„Siehe, ich habe dir geboten, dass du getrost und unverzagt seist. Lass dir nicht grauen und entsetze dich nicht; denn der Herr, dein Gott, ist mit dir in allem, was du tun wirst."*

Das schaffst du nie!

Ausgerechnet er musste in dem alten Haus am Rande des Dorfes wohnen. Alle anderen hatten ihr Haus auf der Sonnenseite. Nur vor seinem Haus türmte sich hoher Berg auf. Den nannten die Leute „Schuttberg". Er war entstanden, als nach dem Krieg viele ihre zerstörten Fenster, Türen, einfach allen kaputten Schrott vor das Dorf getragen hatten. Dazu kamen die verbrannte Erde und der ganze Schutt. Ein Berg voll Geröll, Dreck, Müll, sodass – obwohl im Laufe der Zeit Gras darüber gewachsen war – oft auch ein schlechter Geruch von ihm ausging.

Der Mann war verzweifelt. Er haderte mit seinem Schicksal. Ausgerechnet mit ihm hatte es das Leben so schlecht gemeint. Er wünschte sich den Berg weg und sehnte sich nach dem Licht, das ihm der Hügel nahm. Er träumte von freier Sicht und frischer Luft! Hinter dem Berg war flaches Land, eine grüne Aue, auf der saftiges Gras wuchs. Dort waren der Himmel zu sehen, der Horizont, die Sonne.

Lange hatte er über sein Schicksal gejammert und sich einfach nur tatenlos nach dem Ausblick gesehnt. Doch eines Tages fasste er den Entschluss, endlich Hand an den Berg zu legen. Er nahm seinen Schubkarren, die Hacke und die Schaufel und begann, den Schuttberg Stück für Stück abzutragen. Die volle Schubkarre fuhr er mühsam durchs Dorf zur alten Grube, wo der ganze Dreck Platz fand.

Die Dorfbewohner beobachteten den Alten mit Argwohn. Der Bürgermeister kam zu einem Gespräch und sagte zu ihm: „Was du da machst, ist vergebliche Mühe. Du wirst es nicht schaffen, den Schuttberg wegzukriegen. Lass es bleiben. Gewöhn dich daran."

Der Alte ließ sich jedoch nicht abhalten und von keinem Bewohner einschüchtern. Er dachte sich: *Wenn ich jetzt damit beginne, ist der Anfang gemacht. Und dann können meine Söhne später weitermachen. Und ihre Söhne danach! Und dann werden wir es irgendwann schaffen!*

Tatsächlich wohnten die Kinder der Söhne des Mannes ein paar Jahre später im Haus des alten Mannes. Aber es war in der Zwischenzeit zum schönsten Haus des Dorfes geworden. Von einem Berg vor dem Haus wussten die Kindeskinder nur noch von Bildern und vom Hörensagen. Jeden Tag spielten sie im Garten, ließen sich von der Sonne verwöhnen. Und nicht selten ritten sie mit ihren Pferden auf die prächtigen Wiesen hinter dem Haus, durchkämmten die Wälder und kamen erst spät am Abend wieder zurück.

Um die richtige Stelle wissen

Im Hafen von Liverpool lag ein Dampfschiff fest. Die Kessel funktionierten nicht mehr und der Kapitän suchte einen Kesselingenieur, um den Schaden zu beheben. Nach einigem Suchen konnte endlich einer gefunden werden.

Pfeifend und summend ging der Mann mit einem Hammer durch das Schiff, beobachtete und lauschte und nach fünf Minuten blieb er stehen und schlug mit dem Hammer gegen eine Leitung. Eine verklemmte Stelle löste sich und die Kessel funktionierten wieder. Als Lohn verlangte er 1.000 Pfund. Als der Kapitän wegen der kurzen Zeit und der erbrachten Leistung protestierte, legte ihm der Mechaniker folgende Rechnung vor:

Schlag mit dem Hammer: 0,50 Pfund.
Wissen um die richtige Stelle: 999,50 Pfund.
Gesamtsumme: 1.000 Pfund.

Wenn es mal klemmt, ist es gut, die richtige Hilfe im richtigen Moment am richtigen Ort zu haben. In Psalm 121 beschreibt ein Mensch, wie er nach der richtigen Hilfe sucht: „Ich hebe meine Augen auf zu den Bergen. Woher kommt mir Hilfe?"

Von den Bergen, die sich in vielfältiger Weise um mich herum auftürmen, kann ich keine Hilfe erwarten. Im Gegenteil: Sie lassen mich eher zum Hilfsbedürftigen werden. Wenn ich an die Berge von Arbeit, die Berge von Sorgen und Problemen denke, wenn ich an die Berge von Steinen denke, die mir in den Weg gelegt wurden …

Doch ich darf mit dem Psalmisten sagen: „Meine Hilfe kommt vom Herrn, der Himmel und Erde gemacht hat."

Man muss um die richtige Stelle wissen!

Immer der Letzte

Mein Abschlusszeugnis der Realschule wies in allen drei Hauptfächern – Deutsch, Mathe und Englisch – eine glatte Drei aus. Ein Wunder – denn genau das war nötig, um die weiterführende Schule, das Gymnasium, zu besuchen. Und das wiederum war der einzige Weg, um das Abitur zu erreichen, ein zwingendes Muss, wenn ich Theologie studieren wollte. Denn ich hatte es klar vor Augen: Ich wollte Pfarrer werden. Entgegen allen Prognosen der Lehrer hatte es am Schluss also gerade noch ausgereicht!

Am Gymnasium musste dann eine zweite Fremdsprache her. Französisch – um die allgemeine Hochschulreife zu erlangen. Nach zwei Jahren war es geschafft: mit einer glatten 4. Eine 5 hätte bedeutet: nicht bestanden, keine allgemeine, sondern nur die fachgebundene Hochschulreife – und das wiederum hätte bedeutet: kein Theologiestudium möglich. Auch da hatte es also gerade noch gereicht.

Auch später beim Studium der alten Sprachen Latein und Griechisch dann genau das Gleiche: zwei glatte Vierer. Gerade noch bestanden. Im Examen eine 3,2. Mein Studienkollege hatte eine 3,25 und wurde mit dieser Note nicht in den Pfarrdienst übernommen. Bei mit hatte es aber gerade noch gereicht.

Auf der Liste der Pfarramtsanwärter belegte ich Platz 32. Von möglichen 32 Plätzen. Ich war zwar wieder mal der Letzte, aber hatte endgültig eine Lektion gelernt: Ausreichend reicht aus, um ans Ziel zu kommen. Es müssen nicht immer nur die ersten Plätze und die besten Leistungen sein, damit Gott Geschichte mit uns schreiben kann. Er sorgt für uns – und das reicht aus!

Startschwierigkeiten

Mein kleiner Sohn Dominik begann erst mit vier Jahren zu sprechen. Er hatte erhebliche Sprachschwierigkeiten. Übrigens genauso wie sein Vater: Auch ich habe den Mund zunächst überhaupt nicht aufbekommen. Als er dann langsam aufging, kam nur Stottern dabei raus. Nur monatelange Sprachtherapie hat mir geholfen, langsam, aber sicher reden zu lernen.

Interessant: Heute ist das Reden und Sprechen als Journalist im Radio und Fernsehen und als Pfarrer auf der Kanzel das Wichtigste. Bemerkenswert, was Gott aus kleinen Startschwierigkeiten machen kann, und wie er dazu die Fähigkeiten und Fertigkeiten anderer Menschen gebraucht.

Dominik ist seit dem Kindergarten in einem Hör-Sprach-Zentrum. Kleine Menschen, die Probleme mit dem Sprechen haben, werden dort in besonderer Weise betreut und gefördert. In einer normalen Schule hätte er das so vermutlich nicht hinbekommen. Im Gegenteil: Er wäre aufgefallen, gehänselt worden, kleinmütig, verzagt geworden. Wie immer, wenn jemand spürt, dass er nicht so ist wie die anderen, und etwas nicht so gut kann wie die Allgemeinheit.

Inzwischen kann er das Reden gar nicht mehr lassen! Wenn er morgens damit anfängt, hört er erst beim Schlafengehen wieder auf. Genial, wie Menschen ihn aufgerichtet haben – durch Wertschätzung, durch Förderung, durch einen Schutzraum, wo er so sein darf, wie er ist.

Also: Startschwierigkeiten oder schwierige Startbedingungen sind nichts Ungewöhnliches. Und sie sollten uns zu keiner Zeit entmutigen. Wir dürfen in jedem Augenblick gespannt sein, was Gott aus unseren Schwierigkeiten macht. Und wie er unsere Defizite in Talente verwandelt.

Von (Über-)
Lebenskünstlern

Neues aus Scherben

Paul Reimert ist ein besonderer Berliner Künstler. Er fertigt aus Bruchstücken alter Keramikgegenstände neue Figuren. Alte, zerbrochene Vasen, kaputtes Geschirr und kitschige Figuren, die keiner mehr braucht – gerade noch gut für den nächsten Polterabend, denkt man, aber nicht Paul Reimert. Er sagt: „Mit Scherben kann man ganz viele schöne, neue Dinge entstehen lassen. Die schöpferischen Ideen sind mir dabei noch nie ausgegangen!"

Ich kenne aus meiner Fernsehgottesdienstarbeit genug Menschen, die von vielen Scherben und Bruchstücken in ihrem Leben erzählen. Vieles davon, wie die zerbrochene Beziehung, die zerplatzten Wünsche, die körperlichen Gebrechen, sind – so sagen sie – zu nichts mehr zu gebrauchen. Manche kommen sich sogar selbst vor wie ein Bruchstück. Ausgemustert, ausgesondert, an den Rand gedrängt. Von niemandem mehr beachtet: nutzlos und uninteressant.

Einer, der sich selbst oft auch wie ein Bruchstück vorkam und viele Scherben und Brüche im Leben erlebt hat, war Blaise Pascal.

Der Mathematiker, Physiker, Literat und Philosoph verlor bereits früh im Leben seine Mutter. Pascal war von Kindheit an sehr kränklich. Konnte nicht zur Schule gehen, musste zu Hause unterrichtet werden. Viel Erlittenes und Erlebtes empfand er als Bruchstücke. Er sagte jedoch: „Es ist nicht auszudenken, was Gott aus den Bruchstücken unseres Lebens machen kann, wenn wir sie ihm ganz überlassen."

Klingt fast wie das Wort aus Jesaja 43,18-19: „Gedenkt nicht an das Frühere und achtet nicht auf das Vorige! Denn siehe, ich will ein Neues schaffen, jetzt wächst es auf, erkennt ihr's denn nicht? Ich mache einen Weg in der Wüste und Wasserströme in der Einöde."

Das Leben gemeistert (1)

Im Alter von zwei Jahren bekam Adelheid Kinderlähmung. Und sie hatte niemand, bei dem sie sich ausweinen oder der sie trösten konnte. Denn Adelheid war Vollwaise. Kein Vater, keine Mutter. Sie kam ins Kinderheim.

Je länger, je mehr wurde sie dort von den Mitbewohnern gehänselt, verspottet und verlacht – so ein Krüppel! Sie konnte sich nicht richtig fortbewegen. Konnte nie mit den anderen Verstecken spielen. Beim Sport konnte sie schon gar nichts gewinnen und bei allen Unternehmungen war sie immer die Letzte. Sie versuchte sich mühsam auf ihren erbärmlichen Krücken fortzubewegen.

Aber in Adelheid schlummerten unendlich viel Lebenslust und Energie. Dazu kam, dass sie irgendwann in diesem christlichen Kinderheim bei den Andachten Jesus kennenlernte und bewusst Christ wurde. Sie gewann das Leben lieb und schöpfte jeden Tag neue Kraft und Mut – um ihr Leben zu meistern.

Nach der Schule machte sie eine Ausbildung zur Bürogehilfin und bekam beim Heimleiter eine Stelle als seine rechte Hand. Sie konnte Schreibmaschine tippen – schneller als die Polizei erlaubte! Und sie kann es heute noch! Eines Tages wurde ihr das aber zu wenig. Sie wollte mit den Kindern und Jugendlichen arbeiten, die im Kinderheim Zuflucht fanden. Mit denen, die so wie sie keine Eltern, kein Zuhause hatten – einfach schlechte Startbedingungen fürs Leben! Also machte sie eine zweite Ausbildung zur Erzieherin – alles mühsam und langsam, aber zielstrebig – auf Krücken, im Rollstuhl, an den Beinen gelähmt!

„Wie willst du denn so als Erzieherin mit den Jugendlichen arbeiten und fertig werden?", bekam sie immer wieder zu hören. Kommentare, auf die sie gern verzichtet hätte, mit denen sie sich aber auseinandersetzen musste, und gegen die sie letzten Endes ankämpfte. Und sie hatte Menschen im Rücken, die ihr Mut machten, die an sie glaubten: „Adelheid – du schaffst es!" Noch heute erzählen Ehemalige aus dem Kinderheim von Adelheid – wie sie im Tischtennis einfach nicht zu schlagen war, trotz Krücken!

Adelheid hat es geschafft! Sie hat ihr Leben gemeistert. Auch wenn sie mit Gott immer wieder haderte, weil er ihr so viele Schmerzen und so viel Mühsal zumutete ... Sie hat ihr Leben gemeistert. An ihrem 75. Geburtstag habe ich ihr ein Lied geschrieben und geschenkt:

Du bist zum Segen geworden
(Du hast dein Leben wunderbar gemeistert)

1. Du hättest Grund genug gehabt, ein Kind von Traurigkeit zu sein, wenn ich du gewesen wäre, könnt' ich Gott wohl nie verzeihn. Du hättest Grund genug gehabt, im Leben oft zu resignieren, und die Lebenslust und deine Lebensfreude zu verliern.

> Doch du hast dein Leben wunderbar gemeistert, hast mit deiner Art die Menschen oft begeistert. Bist zum Segen geworden, von Menschen geschätzt, hast ein Zeichen der Hoffnung für so viele gesetzt.

2. Du hättest Grund genug gehabt, das Glück der andern zu beneiden und die Schuld auf Gott zu schieben für dein unsägliches Leiden. Du hättest Grund genug gehabt, dich von Freunden abzukehren und die gut gemeinten Worte einfach so zu überhören.

3. Du hättest Grund genug gehabt, deine Hoffnung aufzugeben und den Glauben an das Gute als Vertröstung abzulegen. Du hättest Grund genug gehabt zum Jammern, Klagen, Beschweren, so viel Ungerechtigkeiten und unmenschliche Beschwerden.

> Denn du hast dein Leben wunderbar gemeistert,...

Text und Musik: Heiko Bräuning
© 2012 cap-music, 72221 Haiterbach-Beihingen
aus der CD von Heiko Bräuning: Lebenszeichen

Die Last, die stark macht

Johannes vom Kreuz, ein Mönch aus dem 16. Jahrhundert, sagte einmal: „Im Allgemeinen macht die Seele dann am meisten Fortschritte, wenn man am wenigsten daran denkt." Gerade auch in Zeiten, in denen unsere Seele Belastungen auszuhalten hat, denken wir selten daran, durch die Last auch stark zu werden.

Ich persönlich liebe Palmen! Egal, ob sie am Ufer eines südländischen Meeresstrandes stehen oder in der Oase einer Wüste. Bei einer besonders großen und schönen Palme kam es mir so vor, als ob sie mir vor dem hell strahlenden Mond und dem glitzernden Wasser der Oase ihre eigene, ganz besondere Geschichte erzählte:

„Vorbeiziehende Händler hatten mich als kleine Pflanze der gastgebenden Familie, die schon seit Langem in dieser Oase wohnte, als Gastgeschenk mitgebracht. Die Familie war dankbar und stolz! Der Bauer nahm mich und pflanzte mich mit viel Liebe und Fürsorge am Rand des Ufers ein, sodass es für mich ein Leichtes war, mit den Wurzeln zum Wasser zu gelangen. Er und seine Kinder kamen nun täglich und hegten und pflegten mich. Noch nie hatte mich jemand so oft berührt und mir Zuneigung geschenkt. Ich konnte mich prächtig entwickeln. Ich spürte, wie ich größer und größer wurde!

Allerdings war ich dem Nachbarn des Bauern ein Dorn im Auge. Eines Nachts, als er vor Neid nicht schlafen konnte, kam er zu mir, und legte mir einen schweren Stein in die Krone. Er hoffte, dass mich die schwere Last erdrücken und ich zum Schluss jämmerlich eingehen würde. Leider konnte man vom Boden aus den schweren Stein nicht sehen, da meine Palmzweigkleid schon zu dicht und mein Stamm schon so in die Höhe gewachsen war. Ich ächzte unter der schweren Last und versuchte bei jedem Windstoß, den Stein aus meiner Krone zu schütteln. Aber es gelang mir nicht.

Die Last wurde schwerer und schwerer. Ich spürte, wie sie meine Kräfte aufzehrte. Aus der Quelle nahm ich so viel Wasser wie nur möglich auf. Meine Wurzeln gruben sich immer tiefer in die Erde und gaben mir Nahrung. Langsam spürte ich wieder, wie die Kraft in mir zunahm. Der Bauer kam jeden Tag und staunte darüber, dass ich noch schneller wuchs und noch größer und dichter wurde.

Ein paar Jahre später kam der böse Nachbar erneut vorbei und wollte sehen, was aus mir geworden war. Er staunte erst und wurde dann zornig: Ich war zur größten Palme weit und breit geworden. Außerdem trug ich viele gute Früchte, die die Familie auf dem Markt verkaufte. Ich konnte nicht anders, als dem bösen Mann meinen Dank auszusprechen: ‚Danke, dass du den Stein auf mich gelegt hast. Die Last hat mich stark gemacht. Dadurch bin ich geworden, was ich heute bin!'"

Nachdem die Palme mir ihre Geschichte erzählt hatte, dachte ich an ein Wort von Jesus aus Matthäus 11,28-30: „Kommt her zu mir, alle, die ihr mühselig und beladen seit; ich will euch erquicken. Nehmt auf euch mein Joch und lernt von mir; denn ich bin sanftmütig und von Herzen demütig; so werdet ihr Ruhe finden für eure Seelen. Denn mein Joch ist sanft, und meine Last ist leicht."

Um kein Missverständnis aufkommen zu lassen: Jesus ist nicht der böse Nachbar, der eine Last auflegt. Im Gegenteil will Jesus, dass wir unter der Last nicht kaputtgehen, sondern reifen und von ihm Kraft zum Tragen erhalten. Eine Last und ein Herr Jesus Christus, die uns stark machen.

Ich will, dass er wieder tanzen kann!

Martin ist innerhalb eines Jahres vom überzeugten Atheisten zum überzeugten Christen geworden, ebenso wie seine Frau Alexandra. Kennengelernt habe ich Martin und seine Frau letzte Woche am Freitag.

Martin ist 55 und war bis zu seinem 54. Lebensjahr ein beruflich erfolgreicher Macher. Als Ingenieur hatte er es drauf, hatte etwas zu sagen. Und machte Karriere. Dann ein Hirnschlag und eine Hirnblutung. Von heute auf morgen ein Schwerstpflegefall. Die Ärzte sagten zu seiner Frau Alexandra: „Ihr Mann hat maximal noch 2 Wochen zu leben."

Martin kämpft. Und hört Musik. Musik, die eine gute Bekannte für ihn ausgesucht hat. Eine Woche nach Martins Unfall ruft sie bei mir an, will eine persönliche CD-Card mit den Namen Martin und Alexandra. Ich mache mich an die Arbeit. Und seitdem, sagt mir Alexandra, hört Martin 12 Stunden am Tag über seinen iPod folgenden Text:

Fürchtet euch nicht, *Martin und Alexandra*, denn ich habe euch erlöst; ich habe euch, *Martin und Alexandra*, bei eurem Namen gerufen; ihr seid mein! Wenn ihr durchs

Wasser geht, will ich bei euch sein, dass euch die Ströme nicht überfluten; und wenn ihr durchs Feuer geht, sollt ihr nicht brennen und die Flamme soll euch nicht versengen. Weil ihr in meinen Augen so wert geachtet und auch herrlich seid und weil ich euch lieb habe.   Jesaja 43,1-2

> Fürchte dich nicht, ich bin mit dir,
> hab keine Angst, ich bin bei dir.
> Schon seit eh und je bin ich auf deiner Seite,
> sei ganz unbesorgt, weil ich dich treu begleite.
> Fürchte dich nicht, ich bin mit dir,
> hab keine Angst, ich bin bei dir.

1. Ich werd' mit dir durch reißende Fluten gehn, und du wirst darin nie niemals untergehn. Ich werd' mit durch verzehrendes Feuer gehn, und du wirst darin niemals zu Grunde gehn. Von Anfang an bist du mir aufgeladen, in alle Ewigkeit will ich dich tragen.

2. Ich werd' mit dir durch endlose Wüsten gehn, und du wirst darin niemals verloren gehn. Ich werd' mit durch die schwierigsten Zeiten gehn, und du wirst daraus irgendwann auferstehn. Von Anfang an bist du mir aufgeladen, in alle Ewigkeit will ich dich tragen.

Text und Musik: Heiko Bräuning
© 2012 cap-music, 72221 Haiterbach-Beihingen
aus der CD von Heiko Bräuning: Lebenszeichen
Anmerkung: Das Lied gibt es bei cap-music auch als personalisierte CD-Card. Im Intro wird der Bibeltext mit dem gewünschten Namen gelesen.

Martin bestätigt mit stammelnden Worten, Rotz und Wasser heulend, was seine Frau sagt: „Daran haben wir uns gehalten. Das hat uns getragen. Das hat uns geführt. Das hat uns begleitet."

Ich hatte zum ersten Mal seit langer, langer Zeit selbst wieder Tränen in den Augen. Von heute auf morgen nichts mehr haben – keine Gesundheit, keine Fähigkeit – zum Nichtstun verdammt. Ein Pflegefall. Und da zu dem gefunden, der in der Tat zu jedem von uns sagt: „Fürchte dich nicht …"

Alexandra erzählt mir: „Jetzt haben wir ein gemeinsames Projekt: jeden Tag acht Stunden Therapie. Jede Woche Arztbesuche. Gemeinsam schultern wir dieses große Projekt. Gemeinsam schaffen wir das. Gott hält uns. Gott führt uns. Er begleitet uns."

Ihre große Vision: Martin soll wieder laufen können. Davon träumen sie beide. Ein bisschen geht's schon. Als gebürtige Griechin hat Alexandra sich schon einen Tanz ausgedacht für mein Lied, den sie gern bald mit ihrem Martin einstudieren will: „Ich will, dass er wieder tanzen kann. Und wir werden es schaffen!"

Gott spricht: „Ihre Wege habe ich gesehen, aber ich will sie heilen und sie lenken und ihnen wieder Trost geben; und denen, die da Leid tragen, will ich Frucht der Lippen schaffen. Friede, Friede denen in der Ferne und denen in der Nähe, spricht der Herr, ich will sie heilen." (Jesaja 57,18-19)

Better better than bitter!

Frida Gashumba[1] hat als 14-jährige den Völkermord in Ruanda überlebt. Als einziges Mitglied ihrer zwölfköpfigen Familie. Sie selbst wurde mit ihren toten Familienangehörigen in ein Massengrab geworfen. Und überlebte. Sie sagt: Durch ein Wunder. Danach war sie traumatisiert. Jahrelang. Konnte mit niemandem mehr reden. Glaubte an nichts mehr. Wollte ihrem Leben einige Male ein Ende setzen.

In einem Gottesdienst erzählte sie von dem, was sie erlebt hat, wie sie überlebt hat, wozu sie heute noch lebt. Einen Satz werde ich nie vergessen. Sie sagte: „Better better than bitter." Das ist ein Wortspiel, mit dem sie zum Ausdruck bringt: Besser durch den Glauben ein besserer Mensch, als bis zum bitteren Ende ein bitterer Mensch.

Alles, was sie erlebt hat – und sie hat wirklich alles verloren –, hätte sie für immer zu einem verbitterten Menschen werden lassen können. Das wäre fast normal gewesen. Durch eine spätere Schulfreundin fand sie jedoch zu

---

1 Anmerkung: Ihre Autobiografie ist unter dem Titel „Frida - Vom Tod zum Leben" bei cap-books als Buch und Hörbuch erschienen.

ihrem Glauben zurück. Ganz langsam. Sie haderte mit Gott, ob sie den Mördern ihrer Familie wirklich vergeben müsste. Sie konnte es
nicht.

Irgendwann machte sie sich auf, diese
Mörder zu besuchen – heute lebt sie mit ihnen
Tür an Tür in der gleichen Stadt. Nach vielen
Jahren konnte sie ihnen schweren Herzens
vergeben und spürte, wie sie selbst frei wurde.
Frei von all den Fragen – „Gott, warum?" –,
frei von den Ängsten und inneren Verletzun-
gen. Frei von Bitterkeit. Sie spürte, wie ihr der
Glaube an Jesus Christus half, neu anzufan-
gen.

Heute ist sie verheiratet. Hat zwei eigene
Kinder, ein adoptiertes Kind und mehrere Pfle-
gekinder. Engagiert sich für Frieden und Versöhnung in ihrem Land. „Better better than
bitter". Besser durch Jesus Christus ein besserer Mensch werden, als verbittert bleiben.

Diakonische Geldvermehrung

Mit unseren neuen FSJ'lern, die sich für ein Jahr soziale Arbeit in der Diakonie entschieden haben, spiele ich bei den Einführungstagen gern das Gleichnis der anvertrauten Talente nach.

Ich habe drei Briefumschläge vorbereitet – keiner weiß, was in ihnen ist. Dann suche ich drei Freiwillige. Die sind dann nach einiger Zeit des Überredens gefunden. Der erste öffnet seinen Briefumschlag und ist erstaunt über den 10€-Schein, den er darin findet. Der zweite ist etwas zurückhaltender – er findet einen 5€-Schein. Und die dritte ist baff: In ihrem Umschlag sind 20€.

Ich sage ihnen, sie können das Geld behalten. Aber richtig mutig und diakonisch würde ich es finden, wenn sie das Geld vermehren. Nach dem Prinzip: Geh zum Bäcker im Dorf und versuche, das Geld zu verdoppeln. Sage zu ihm: „Bitte wechseln Sie mir diesen 5€-Schein in einen 10€-Schein." Oder den 20€-Schein in 40€. Dann geh zum nächsten Ladenbesitzer und bitte ihn, dein Geld wiederum zu verdoppeln. Aus 40€ soll der Besitzer der Pizzeria 80€ machen. Und immer so weiter. Was sie nachher zurückbrächten, würden wir für irgendein gutes Projekt innerhalb der Zieglerschen einsetzen.

Und dann ziehen sie mutig und zuversichtlich los, vor allem aber gespannt, wie das mit der Gaben- und Talentvermehrung so klappen wird.

Ich weiß nicht, wie er es geschafft hatte. Ein ganz Talentierter hatte aus seinen 5€ nach sechs Stunden sage und schreibe 300€ gemacht! Ich war verblüfft. Vor allem aber hat mich dann der Schlag getroffen, als er mich bat, das Geld jetzt auch noch zu vermehren und den Betrag zu verdoppeln. So viel Geld hatte ich natürlich nicht in der Tasche. Ich musste also erst mal zur Bank, um die 300€ zu holen, sodass er insgesamt auf satte 600€ kam!

Ich muss sagen: Dieser junge Mann hat wirklich etwas aus seinen Talenten gemacht! Statt das Geld zu vergraben, hat er 120 mal soviel hergeschafft!

Seit ich die 300€ einsetzen musste, habe ich dieses Gleichnis-Spiel einige Male ausgesetzt. Der FSJ'ler fiel übrigens noch ein paar Mal bei uns in der Diakonie auf – und zwar sehr positiv, sodass er einen Arbeitsplatz bei uns angeboten bekam.

Halleluja!

Es ist ein ungewöhnliches Hotel. Jeder, der schon einmal dort zu Gast war, wird es nicht mehr vergessen. Es steht im Wohnviertel einer belgischen Stadt. Vermutlich ist es eines der ersten „inklusiven Hotels". Wenn man eintreten möchte, fällt auf, dass es keine Schwellen, keine Treppen gibt. Ebenerdig geht es hinein. Krankenstühle, Rollstühle, sogar Betten werden in das Hotel geschoben. Jeder soll barrierefrei hineinkommen können.

Eine christliche Gemeinschaft hat das Hotel vor Jahren gegründet. Ihr Grundsatz lautet: „Was ihr einem dieser Geringsten getan habt, habt ihr mir getan." Dieser Grundsatz ist auch handlungsleitend, und so herrscht ein ganz besonderer Geist im ganzen Hotel. Das Personal, egal ob an der Rezeption oder in der Küche, im Service oder an der Bar, besteht aus alten Frauen, ehemaligen Alkoholikern, Drogenabhängigen.

Aber auch Menschen im Rollstuhl, körperlich und geistig behindert, arbeiten tatkräftig mit, ebenso wie Frauen und Männer mit dunkler Haut. Höflich und aufmerksam werden von ihnen, die hier als Flüchtlinge angekommen sind und Asyl beantragt haben, die Hotelgäste umsorgt.

Eine junge Frau, körperlich und geistig behindert, die auch in dem Hotel arbeitete, wurde einmal in eine Fernsehshow eingeladen. Dort wurde sie vom Moderator über das Hotel, über das Miteinander von Behinderten und Nichtbehinderten befragt. So gut es ging, kam eine lebhafte Diskussion zustande. Die junge Frau konnte allerdings nicht sprechen. Aber sie war in der Lage, sich auf andere Weise mitzuteilen: mit Gebärden, oder indem sie flugs etwas in ihren Sprachcomputer eingab, der dann die Eingaben in Sprache übersetzte.

Auf die Frage, ob es nicht mühsam und trostlos sei, jeden Tag mit so vielen gehandicapten Personen, ja sogar kranken Menschen, zusammenarbeiten zu müssen und das Leid auszuhalten, schrieb die junge Frau etwas auf ein Stück Papier. Die Kameras fuhren ganz dicht an sie heran. Sie hielt den Zettel hoch. Die erstaunten Zuhörer lasen darauf nur ein einziges Wort: „Halleluja!"

Was für ein erstaunliches Zeugnis! Dieses junge Mädchen, körperlich schwer behindert, erlebt den auferstandenen Christus als Herrn über Kranke, Alte, Einsame, Trostlose. Findet in ihm einen Halt fürs Leben und den Sinn des

Lebens. Ihre Meinung zu den Problemen der Menschen und der Welt heißt seit Ostern: Halleluja!

Ja, der Auferstandene erscheint den Hoffnungslosen und Schwermütigen, den Kranken und Aussichtslosen, den Ohnmächtigen und Verzweifelten. Er rührt sie an mit seiner Botschaft: „Fürchte dich nicht, ich helfe dir." Er macht ihnen Mut und schenkt ihnen Kraft, um nach vorn zu sehen und die Welt zu bewegen. So hat der auferstandene Weltveränderer schon viele Weltverbesserer ins Leben gerufen!

Das Leben gemeistert (2)

Beim Kaffeetrinken erzählte Edeltraut mir eines Tages, wie sie vor 34 Jahren ihren Mann tot im Garten auffand. Er war frühmorgens aufgestanden, um die nötigste Arbeit im Garten zu tun, und erlitt mitten im Blumenbeet einen Herzinfarkt. Vor drei Jahren musste sie ihren Sohn beerdigen, der mit nur 50 Jahren plötzlich verstarb.

Mit ihrer jüngsten Tochter hat sie guten Kontakt. Sie ist nach einer Hirnhautentzündung im frühen Kindesalter körperlich und geistig behindert. Und als Edeltraut mir dann noch aus der Zeit vom Krieg erzählte, wie ihr Vater an die Front musste und nicht mehr zurückkam, da habe ich gedacht: *Was hat dieser Mensch alles aushalten müssen! Wie hat das Schicksal an einigen Etappen gnadenlos zugeschlagen! Und wie um alles in der Welt hat diese Frau, mit ihren über 90 Jahren, das Leben gemeistert?*

Ja, sie hat das Leben gemeistert. Fröhlich sitzt sie vor mir, erzählt nicht mit Tränen in den Augen, sondern mit Dankbarkeit, und teilweise sogar mit einer großen Portion Humor.

Bei einem Gottesdienst in einer Gemeinde singe ich das Lied mit dem Text: „Du hättest Grund genug gehabt, ein Kind von Traurigkeit zu sein. Doch du hast dein Leben wunderbar gemeistert." Danach kommt eine Frau auf mich zu und erzählt mir von ihrem Dustin: Er ist 21 Jahre alt und seit seiner Geburt ständig krank. Wegen der Krankheit ist er geistig behindert. Und körperlich wird er immer schwächer. Man weiß nicht, wie lang er noch zu leben hat.

Und dann bittet sie mich um den Text des Liedes. Denn genau das ist ihr Dustin: einer, der viel Grund hätte, traurig zu sein, einer der oft Grund gehabt hätte, am Leben zu resignieren und die Lebenslust und Lebensfreude zu verlieren. Aber er hat sein Leben gemeistert. Und er ist auf seine unverwechselbare Art, in seiner Begrenztheit, in seiner Schwachheit, aber auch in seiner Unbeschwertheit zum Segen für viele Menschen geworden.

Müllmenschen

Zwei Menschen sind für mich zu einem Symbol geworden, wie Gott mit unserem Müll umgeht. Der eine Mensch ist der Mönch Don Justo Gallego Martinez. Dieser Mönch wurde vor vielen Jahren wie durch ein Wunder von Tuberkulose geheilt. Aus Dankbarkeit baut er nun eine einzigartige Kirche. Seit 1961 errichtet er in Eigenregie im spanischen Mejoada del Campo eine Kathedrale aus Müll.

Warum macht er das, und warum nimmt er dazu Müll? Martinez erzählt den Besuchern von seinem Wunsch, aus Dankbarkeit Gott gegenüber eine solche Kathedrale zu bauen. Er möchte sich auf diese Weise befreien: von allem Weltlichen, der versklavenden Materie. Am Müll merkt er die Vergänglichkeit der Welt. Und doch – so sagt er – ist auch der Müll etwas Besonderes. Er besteht aus so vielen Materialien. Jedes von ihnen hat seine eigene Besonderheit für Martinez. Und alle behagen ihm: sei es nun das Holz, das Glas, der Draht oder der Zement.

Ehrlich gesagt: So stelle ich mir Christus vor, für den selbst unser ganzer Müll noch etwas Besonderes ist. Alles behagt ihm, er kann damit umgehen. Nichts ist ihm peinlich. Für nichts schämt er sich. Und er macht aus allem etwas Gutes. Aus allem, was wir nur noch wegwerfen können und wollen. Aus allem, was uns wertlos erscheint.

Ein weiterer Mensch imponiert mir sehr und wird für mich zu einem Vergleich, wie Christus mit Müll umgeht. Die Chinesin Lou Xiaoyin aus Südostchina wird „Engel der Gosse" genannt. Sie sucht in Müllhalden nach ausgesetzten Babys. Über 30 kleinen weggeworfenen Säuglingen hat der Engel der Gosse schon das Leben gerettet.

1972 entdeckte sie im Müll das erste Baby: Ein kleines Mädchen lag neben Abfall auf der Straße. „Sie wäre gestorben, hätte ich mich nicht um sie gekümmert", wird sie in der Zeitung *Daily Mail* zitiert. Vier der ausgesetzten Würmchen zog sie mit ihrem Ehemann groß, andere nahmen Freunde und Familienmitglieder bei sich auf. Ihr jüngster Sohn Zhang Qiling ist heute sieben Jahre alt. Als sie ihn fand, war sie schon 82 Jahre alt. Das Baby lag in einem Abfalleimer. „Ich konnte ihn nicht einfach im Müll seinem Tod überlassen." Sie adoptierte auch ihn und pflegte ihn gesund.

Lieber Arm ab als arm dran![2]

Ich hatte von ihm in der Presse gelesen und mir war klar: Diesen Mann wollte ich unbedingt kennenlernen und in unserem Fernsehgottesdienst „Stunde des Höchsten" zu Gast haben. Der hatte sicher viel zu erzählen! Rainer Schmidt, achtfacher Tischtennis-Paralympics Weltmeister, Olympiasieger, Pfarrer – und das alles ohne Arme! Ich war begeistert! Fasziniert! Tatsächlich sagte er zu und wir verabredeten uns für ein Treffen auf dem Parkplatz vor der Stadt. Ich fragte mich: *Wie mag das wohl gehen, dass er dort mit dem Auto hinkommt? Wie fährt man Auto ohne Arme?*

Und dann kam er – und sofort begann das nächste Problem in meinem Kopf: *Wie begrüßt man jemanden ohne Arme und Hände?*

Es war dann gar kein Problem: Ich umarmte ihn einfach.

Dann wollten wir zusammen Mittagessen gehen, um die TV-Aufnahmen noch einmal durchzusprechen. Er las die Speisekarte – und bestellte ein Schnitzel! *Um Himmelswillen*, dachte ich, *wie isst Rainer ein Schnitzel?*

2 Rainer Schmidt: Lieber Arm ab als arm dran. Grenzen haben – erfüllt leben. Goldmann Verlag, 2010.

Auch wieder kein Problem: Er bat mich, das Schnitzel für ihn zu schneiden. Die Gabel klemmte er sich an seine kleinen Stumpen an der Schulter, beugte sich eben mehr und tiefer über den Teller als Menschen mit Armen, aber hatte sein Schnitzel schneller verdrückt als ich!

Vor der Fernsehaufzeichnung wollte er sich noch schick machen. Anzug und Hemd hatte er schon an. Die Krawatte sollte ich aus seinem Auto holen. *Ach du grüne Neune*, dachte ich, *wie bindet Rainer sich denn die Krawatte?*

Auch kein Problem. Sein Bruder hatte den Knoten schon gemacht – er musste sich die Krawatte nur über den Kopf streifen. Ich zog dann den Knoten zu.

Von Anfang an waren meine Probleme nicht seine Probleme. Er hatte sich mit allem arrangiert. Führt ein zufriedenes Leben, hat sehr viel geschafft. Und ist einer der besten Tischtennisspieler der Welt!

Rainer Schmidt erzählte mir während des Fernsehinterviews: „Für meine Eltern war meine Behinderung ein Schock. Eine pränatale Diagnostik, die sie hätte vorbereiten bzw. verunsichern können, gab es noch nicht. Das anfängliche Gefühl der Scham wich durch den alltäglichen Umgang mit mir. Ich selbst war mir meiner Behinderung kaum bewusst. Meine Spielkameraden kannten mich von klein auf und die Erwachsenen nahmen es, wie es war. So lernte ich einen guten Umgang mit dieser Grenze. Gott will einen begrenzten Menschen (das sieht man zum Beispiel an den Geschichten vom Baum der Erkenntnis oder vom Turmbau zu Babel). Und das zu akzeptieren, setzt dich in eine gute Beziehung zu dir selber."

Rainer Schmidt – ein Mensch, der mir beigebracht hat: Lieber Arm ab als arm dran!

Michelangelo und der König David

Als er nach der Fertigstellung der Pietà in Rom nach Florenz zurückgekehrt war, erhielt Michelangelo 1501 den Auftrag der Wollweberzunft für die Skulptur des David. Michelangelo, der größte Sorgfalt auf die Auswahl des Materials legte, wurde in diesem Fall der tonnenschwere Carrera Mamor zur Verfügung gestellt.

Zuvor hatten sich schon Agostino di Duccio und Antonio Rossellino an dem Auftrag versucht, den David aus diesem Marmor zu schaffen. Beide scheiterten und hinterließen Michelangelo einen schon bearbeiteten Block, der seinen Schülern völlig unbrauchbar erschien.

In der Tat: Hässlich sah er aus, der riesige Marmorblock aus Carrara. Von seinem reinen Weiß keine Spur. Stattdessen war er voller Dreck, Staub, Unrat und Unkraut. Kein Wunder: 40 Jahre lag er schon bei der Dombauhütte zu Florenz. Niemand interessierte sich mehr für die über vier Meter Marmor. Zu den Zeugen natürlicher Verwitterung kam hinzu: Der Block war verhauen, verhunzt. Ein riesiges Loch klaffte in ihm.

Michelangelo machte sich ans Werk. Und trotz dieser schlechten Startbedingungen ist dieser Stein zu einer der schönsten Männer-Plastiken geworden: dem David des Michelangelo.

In den Augen der staunenden Zeitgenossen war dies ein Wunder. So fragten die Florentiner Michelangelo, wie es ihm gelingen konnte, aus einem derart groben Klotz eine so schöne Statue zu machen. Die Antwort des Künstlers: „Der David war schon immer da. Ich musste nur wegklopfen, was nicht dazugehört."

Weil ich Jesu Schäflein bin

Pfarrer Karl Steinbauer gehörte während des Dritten Reichs der Bekennenden Kirche an. Er leistete den Nazis heftigsten Widerstand, was ihm auch u. a. Monate im Konzentrationslager einbrachte, als direkter Zellennachbar von Martin Niemöller.

Zu seinem Widerstand gehörte auch, dass er das halbstündige Glockenläuten zum Wahlsieg der NSDAP im März 1936 verweigerte. Genauso wie er fortan jegliche Beflaggung ablehnte. „Ich rede, wenn ich glaube, reden zu müssen", war sein Prinzip, mit dem er gegen Untertanengehorsam im Dritten Reich kämpfte.

1938 verwehrte er sich dagegen, den Treue-Eid auf Hitler abzulegen, und lehnte die Einreichung eines „Ariernachweises" ab, was ein Predigtverbot zur Folge hatte. Nach seinem KZ-Aufenthalt wurde er sofort an die Front nach Russland geschickt. Bei Kampfhandlungen wurde er durch Granatsplitter am Bein schwer verwundet. Eine Schlagader war zerrissen und er drohte zu verbluten.

In dieser Situation betete er den 23. Psalm in der Fassung eines Kinderlieds. Er, ein großer, starker und unerschrockener Mann, der Rückgrat besaß, Urteilsfähigkeit, Geradlinigkeit, intellektuell hochgebildet, betete ganz einfältig:

„Weil ich Jesu Schäflein bin,
freue ich mich nur immerhin
über meinen guten Hirten,
der mich wohl weiß zu bewirten,
der mich liebet, der mich kennt,
und bei meinem Namen nennt.
Sollt ich denn nicht fröhlich sein,
ich beglücktes Schäfelein,
denn nach diesen schönen Tagen
werd ich endlich heimgetragen
in des Hirten Arm und Schoß.
Amen, ja mein Glück ist groß."

Das, so sagte er, habe ihm das Leben gerettet. Er konnte ruhig bleiben und noch so lange aushalten, bis ihn die Sanitäter versorgt hatten. Er hatte keine Möglichkeit, die äußere Situation zu ändern, sondern konnte nur versuchen, sich auf sie einzustellen, damit er sie ertragen konnte. Er vertraute darauf, dass er im Arm des guten Hirten geborgen war, was auch immer kommen würde.

Meine Kraft
ist in den Schwachen mächtig

Eine Frau bekam anlässlich ihrer Konfirmation vom Pfarrer das Bibelwort zugesprochen: „Lass dir an meiner Gnade genügen, denn meine Kraft ist in den Schwachen mächtig." Damit konnte sie jedoch zunächst nichts anfangen. In ihrem zweiten Lebensjahr war sie an Kinderlähmung erkrankt und seitdem von beiden Beinen an gelähmt. Außerdem hatte sie eine steife rechte Hand.

Mit diesem Satz wusste sie also vorerst gar nichts anzufangen. Es war ausgeschlossen, dass sich ihr Wunschtraum, Lehrerin zu werden, erfüllte. Schließlich erlaubte man ihr, eine Ausbildung zur Schneiderin zu machen. Eine Ausbildung, die einem großen Kampf glich, in dem sie immer wieder an ihre Grenzen gelangte. Aber an diesen Schwachstellen hatte sie, so sagt sie im Nachhinein, immer wieder diesen Bibelvers von ihrer Konfirmation im Ohr: „Lass dir an meiner Gnade genügen, denn meine Kraft ist in den Schwachen mächtig."

Schließlich hatte sie die Ausbildung geschafft und gründete gemeinsam mit ihren

Schwestern eine Nähstube. Ende des 19. Jahrhunderts kauften sie die erste Nähmaschine im Ort, die sie mit ihrer gelähmten Hand auch bedienen konnte.

Eines Tages fertigte sie für ihre Nichten und Neffen ein Weihnachtsgeschenk an. Dieses kleine „Stoff-Elefäntle" war so gefragt, dass die Schwestern bald Anfragen aus ganz Deutschland hatten und in kurzer Zeit sogar für Amerika produzierten. Nachdem sie ihren ersten Teddy auf den Markt gebracht hatten, mussten sie 400 Näherinnen anstellen, und 1.800 Frauen, die zu Hause Stofftiere nähten.

Die Frau, für die dieses Bibelwort eine zentrale Bedeutung gehabt hatte, war Margarete Steiff. Trotz Schwachheit, trotz Behinderung, trotz vieler Begrenzungen ist sie durch ihr Gottvertrauen zu Unverhofftem gekommen.

Die Kunst, eine Raviolidose zu öffnen

Er wollte eine Raviolidose öffnen. Aber es war ihm nicht möglich. Denn Alexandre Jollien ist körperlich und sprachlich schwer behindert. In seinem Buch „Die Kunst Mensch zu sein"[3] erzählt er davon. Alle verzweifelten Versuche, die Dose zu öffnen, scheiterten. So war sie nach einiger Zeit völlig ramponiert. Dann fasste er all seinen Mut zusammen, ging damit zu seinem Nachbarn und bat ihn um Hilfe. Der Nachbar sah sich die heillos ramponierte Dose an und schenkte ihm eine neue, die er dann auch gleich für Jollien öffnete.

Was aber hätten wir an Jolliens Stelle getan? Es ist ja nicht einfach, sich selbst und dann noch anderen sein Unvermögen, seine Schwachheit einzugestehen.

Jollien zieht nach dieser Ravioli-Anekdote ein interessantes Fazit: „Mein Unvermögen hat mir eine leckere Mahlzeit und eine neue Freundschaft beschert."

Der deutsch-jüdische Philosoph Theodor W. Adorno bringt den Zusammenhang von Liebe und Schwäche auf den Punkt: „Geliebt wirst

---

3 Pendo, 2003

---

du einzig, wo du schwach dich zeigen darfst, ohne Stärke zu provozieren."[4]

Dietrich Bonhoeffer hat in seiner Londoner Predigt über 2. Korinther 12,9 Folgendes gesagt: „Schwachheit ist in den Augen Christi nicht das Unvollkommene gegenüber dem Vollkommenen, sondern eher ist Stärke das Unvollkommene und Schwachheit das Vollkommene. Nicht der Schwache hat dem Starken zu dienen, sondern der Starke dem Schwachen – und dies nicht aus Wohltätigkeit, sondern aus Liebe und Ehrfurcht. Nicht der Mächtige hat recht, letztlich hat immer der Schwache recht. So bedeutet das Christentum eine Abwertung aller menschlichen Werte und die Errichtung einer neuen Ordnung der Werte im Angesicht Jesu Christi."[5]

---

4 Theodor W. Adorno, Minima Moralia, Suhrkamp, Berlin, 1951, S.255.

5 Dietrich Bonhoeffer, Gesammelte Schriften Band 4 Auslegungen - Predigten, München, 3. Auflage 1975, S. 179 (deutsche Übersetzung S. 629)

Vom Teilen
und Tragen

Jeder trägt sein eigenes Päckchen

Über den Baum in der Mitte des Dorfes erzählen sich die Leute die unterschiedlichsten Legenden. Wo heute immer wieder Kinder in den Ästen herumklettern, bei Dorffesten Tänze um den dicken Stamm aufgeführt werden oder sich Liebespaare ewige Liebe schwören, soll sich früher – kaum einer kann sagen, wann genau – eine seltsame Geschichte ereignet haben.

In jenem Jahr war die Ernte ausgefallen. Zahlreiche Unwetter hatten alles verdorben, was auf den Feldern angepflanzt war. Der Hunger machte sich breit. Und mit dem Hunger die Krankheiten. Jede Familie hatte mit dem Tod zu kämpfen. Die Menschen waren sehr verzweifelt, niedergeschlagen und hoffnungslos. Jeden Sonntag rief der Pfarrer in der Kirche zum Gebet für die Kranken und Verstorbenen. Aber die Dorfbewohner fühlten sich in der Zwischenzeit im wahrsten Sinne des Wortes „gottverlassen". Die Not war unsagbar groß und jeder dachte dabei, seine Not sei die größte!

Mitten in der Verzweiflung erinnerte sich der Bürgermeister an einen sehr alten Mönch, der wenige Kilometer außerhalb des Dorfes in einem alten, verlassenen und schon halb verkommenen Kloster seine Zuflucht gefunden hatte. Einige waren der Meinung, er sei ein besonders weiser Mensch, mit außergewöhnlichen, fast schon magischen Kräften. Der Bürgermeister schlug seinen Dorfältesten vor, diesen Mönch aufzusuchen und ihn um Rat zu fragen, ob sie irgendwie die große Not wenden könnten, und wie sie aus der großen Traurigkeit herauskämen.

Für den weisen Mönch war guter Rat nicht teuer. Er sagte den Ratsuchenden: „Nun, wenn also jeder Dorfbewohner der Meinung ist, seine persönliche Not sei am größten, soll doch jeder seine Sorgen und Nöte zu einem Päckchen schnüren und es an einen Zweig am alten Baum in der Mitte des Dorfes hängen. Dafür darf sich dann jeder das Päckchen eines anderen nehmen. Und dann wartet ab und seht, was passiert!"

Den Hilfesuchenden schien das ein guter Rat zu sein. In einer Versammlung wurde den Dorfbewohnern erklärt, was zu tun sei. Sie liefen nach Hause, packten eifrig ihre Sorgen und Probleme zusammen. Jeder trug sein Päckchen und hängte es an einen Zweig am alten Baum in der Mitte des Dorfes. Dafür nahm sich jeder ein anderes Päckchen und lief damit erwartungsvoll nach Hause. In jedem Haus geschah das Gleiche: Die Päckchen wurden in die Mitte des Tisches gelegt. Der Familienvater holte ein Messer und begann, das Papier zu entfernen. Als dann der Inhalt zutage kam, waren alle überrascht! In jedem Päcken waren Sorgen und Nöte von anderen, und die waren zumeist viel größer als die eigenen.

Nun – damit wollte keiner etwas zu tun haben. Bei Nacht und Nebel liefen die Familien zum Baum zurück, hängten die Päckchen wohlverpackt an den Baum, suchten sich ihr eigenes Päckchen und trugen es zufrieden nach Hause! In der Tat: Jeder trägt sein eigenes Päckchen.

Das Brot

Dr. Ferdinand Amberger war Medizinalrat. Im Zweiten Weltkrieg behandelte er in seiner Praxis viele Menschen, die durch das Leid des Krieges große gesundheitliche Not hatten. Oft konnten die Patienten dem Arzt nicht zahlen, was die Behandlung kostete, und blieben ihm den Betrag schuldig. Dr. Amberger behandelte trotzdem jeden, der zu ihm kam und Hilfe nötig hatte.

Auch ein Soldat, der von der Front zurückgekehrt war und seine junge Frau und den kleinen Sohn schwer krank vorfand, wusste sich keinen anderen Rat, als Dr. Amberger um Hilfe zu bitten. Sie kamen in seine Praxis. Der Arzt nahm sich viel Zeit, um beide, Mutter und Sohn, zu untersuchen. Er gab ihnen Medizin mit und nach einigen Wochen waren beide gesund und wohlauf. Voller Dankbarkeit ließ der Soldat dem Arzt einen frischen Brotlaib zukommen. Geld hatte er keines. Und Lebensmittel waren überall rar. So backte seine Frau dieses Brot, und statt es selbst zu essen, schenkten sie es Dr. Ferdinand Amberger. Er war hocherfreut über dieses Liebeszeichen. Bei ihm hatte der Hunger ebenfalls an die Tür geklopft.

Weil so viele die Arztrechnungen nicht zahlen konnten, hatte auch er kaum mehr zu essen. Seine Haushälterin machte sich schon große Sorgen um seine Gesundheit.

Im Nachbarhaus von Dr. Amberger lebte eine junge Mutter mit zwei kleinen Kindern. Ihr Mann war im Krieg ums Leben gekommen. Sie wusste nicht, wie sie ihre beiden Kinder satt bekommen und womit sie sie am Leben erhalten sollte. Dr. Amberger wusste um die große Not in diesem Haus und sah immer wieder nach den beiden kranken Kindern. Als er sich gerade zum Abendessen hinsetzte und sich ein großes Stück von dem Brot abschneiden wollte, überlegte er es sich anders und bat kurzerhand seine Haushälterin um ein Tuch und einen Korb. Dort hinein legte er das eingewickelte Brot, zog sich den Mantel über und überquerte den kleinen Innenhof, der vom Neuschnee überzogen war.

Er stieg die Stufen hoch zur obersten Wohnung, in der die Frau mit den kleinen Kindern lebte. Sie hatten sich schon zu Bett gelegt: hungrig und frierend wie jeden Abend. Als der Arzt klopfte, machte die Frau die Tür einen Spalt auf und wollte sehen, wer so spät noch vorbeikam. Sie war zu Tränen gerührt, als ihr der Arzt das wohlriechende Brot schenkte. Sie bedankte sich und ging mit dem Brot in die Küche.

In dem Moment, als sie die beiden Kinder wecken wollte, um ihnen ein Stück Brot zu geben, hörte sie ein Weinen. Es kam vom Untergeschoss und war durch die zerstörten Fenster auch bei ihr oben zu hören. Sie wusste, die Witwe unten im Haus, die schon lange nicht mehr auf die Straße konnte, weil sie so schwer krank war, wusste nicht, ob sie den nächsten Tag noch überlebte. Zu groß war die Trauer, zu groß war der Hunger. Kurzerhand wickelte die junge Mutter das Brot wieder in das Tuch, legte es in den Korb und ging zur Witwe hinunter. Sie klopfte an die Tür. Nach einiger Zeit öffnete die alte Frau. Tränenüberströmt stand sie vor ihr. Ihre Tränen konnte sie auch dann nicht zurückhalten, als die junge Frau ihr das Brot gab, das so herrlich duftete. Jetzt aber waren es nicht Tränen der Trauer und des Schmerzes, sondern Tränen der Rührung.

Die junge Frau verabschiedete sich und ging zurück zu ihren schlafenden Kindern. Die alte Witwe aber, die sich gerade zu Tisch setzte, erinnerte sich plötzlich an Dr. Ferdinand Amberger. Wenn sie diesen Arzt nicht hätte, wäre sie schon längst nicht mehr am Leben. Wenn er sie nicht immer wieder mit Medizin versorgt hätte, einem guten, Mut machenden Wort und einem warmen Händedruck, wäre sie schon längst gestorben. So hüllte sie sich in ihren Mantel, legte eine Decke um ihre Schultern und machte sich mit mühevollen Schritten auf den Weg zur Wohnung des Arztes. Die Haushälterin öffnete, nahm das Brot entgegen, bedankte sich und ging in die Stube. Dort saß der Arzt, der sich noch einmal in die vielen offenen Rechnungen vertieft hatte und Sorgen hatte, dass er es so nicht mehr lange schaffen werde, weiterzuarbeiten. Die Haushälterin stellte ihm den Korb auf den Tisch, darin das eingewickelte Brot.

Als Dr. Amberger das Brot wiedersah, kamen ihm die Tränen. Das Brot, das er selbst geschenkt bekommen und weiterverschenkt hatte, lag plötzlich wieder auf seinem Tisch. Immer noch herrlich duftend. Immer noch sättigend und genug für viele Tage. Nachdenklich nahm er es in die Hand und entdeckte auf dem Boden des Brotes das Bildchen, das die Frau des Soldaten angebracht hatte. Dort stand in schön geschwungenen Buchstaben: „Aus lauter Dankbarkeit!"

Der Arzt war erschüttert und zu Tränen gerührt: Keiner hatte von dem Brot gegessen und doch waren so viele davon auf wundersame Weise satt geworden, dass es nun auch noch für ihn reichte. In seinem Tagebuch notierte er: „Solange noch so viel Liebe unter uns Menschen ist, die auch ihr letztes Stück Brot mit anderen in ihrer Not teilt, solange mache ich mir keine Sorgen um uns Menschen. Dieses eine Brot hat viele von uns satt gemacht, ohne dass ein Einziger davon gegessen hätte." Dahinter schrieb er in Klammern: Johannes 6,35.

Ich weiß nicht, ob ich es schaffe

„Ich weiß nicht, ob ich es mit meinem Rollator schaffe, zum Gemeindefest zu kommen. Der Weg ist so beschwerlich", sagte eine ältere Dame auf die Einladung hin.

Aber sie war dann doch da und genoss den Nachmittag.

Als es am Abend ans Aufräumen ging, fragte eine Mitarbeiterin: „Hier steht noch ein Rollator. Wo soll der hin?"

Keiner wusste Bescheid und jeder wunderte sich, wie denn der Besitzer oder die Besitzerin des Rollators nach Hause gekommen war.

Am nächsten Tag klingelte das Telefon im Büro. Die ältere Dame rief an. „Hallo, steht bei Ihnen im Gemeindehaus noch ein Rollator? Ich habe meinen gestern nach dem Gemeindefest dort vergessen. Zwei benachbarte Frauen haben mich in ihre Mitte genommen und ich bin mit ihnen Arm in Arm nach Hause gegangen. Meinen Rollator habe ich dabei völlig vergessen!"

Tragen und getragen werden

Es gibt eine wunderbare Segensgeste, die ich mit Vorliebe bei unseren Mitarbeitern in Diakonie und Gemeinde anwende: Zunächst fordere ich sie alle auf, einen Kreis zu bilden. Dann breiten wir alle unsere Arme aus und strecken die inneren Handflächen nach oben. Nun legt jeder die rechte obere Handfläche auf die linke innere Handfläche des Nachbarn. Dabei spürt man Folgendes: Rechts darf man sich fallen lassen und fühlt, wie der andere einen trägt. Links spürt man, wie ein anderer sich fallen lässt und wie man einige Kraft aufwenden muss, um den Nächsten zu tragen.

In diesem Segen spiegelt sich wider, was sich durch unser ganzes Leben zieht: Wir sind Tragende und Getragene. Wir dürfen anderen zum Segen werden, indem wir sie stützen, tragen, ihnen helfen. Aber wir leben auch selbst aus dem Getragensein heraus. Dürfen schwach sein. Dürfen einmal nicht die volle Leistung bringen müssen. Dürfen uns eingestehen, dass wir die haltende Hand eines anderen brauchen.

Vom Getragensein lesen wir auch in Jesaja 46,3-5: „Hört mir zu, ihr vom Hause Jakob und alle, die ihr noch übrig seid vom Hause Israel, die ihr von mir getragen werdet von Mutterleibe an und vom Mutterschoße an mir aufgeladen seid: Auch bis in euer Alter bin ich derselbe, und ich will euch tragen, bis ihr grau werdet. Ich habe es getan; ich will heben und tragen und erretten. Wem wollt ihr mich gleichstellen, und mit wem vergleicht ihr mich? An wem messt ihr mich, dass ich ihm gleich sein soll?"

Das merkt doch keiner!

"Salz" hat mir meine Frau auf den Einkaufszettel geschrieben. Und heute ist es sogar im Sonderangebot! 39 Cent für eine Packung Salz! Es gab eine Zeit, in der Salz wertvoller war als Gold. Zu dieser Zeit begab sich folgende Geschichte:

Wie jedes Jahr versammelten sich alle Dorfbewohner zu einem großen Fest. Und wie jedes Jahr sollte es mit einem großen gemeinsamen Essen beginnen. Dabei war es gute Tradition, dass jeder etwas zu diesem Essen mitbrachte. Der eine brachte Kartoffeln, der andere Bohnen, wieder ein anderer Fleisch, und auch Karotten brachte jemand mit. Alles sollte zu einem großen Eintopf gekocht werden. Er war im ganzen Dorf beliebt und weit über die Grenzen hinaus bekannt.

Dieses Jahr allerdings war es nicht nur wichtig, Fleisch und Gemüse zusammenzubekommen. Die Anordnung des Bürgermeisters lautete: Jeder sollte ein Tütchen Salz mitbringen. Nur eine Messerspitze voll. Da das Salz so kostbar und teuer war, konnte es nicht nur von einem erbracht werden. Alle sollten gemeinsam für den guten Geschmack sorgen.

Die Bewohner des Dorfes beteiligten sich fleißig am Eintopf. Und jeder brachte ein kleines Tütchen mit. Nur Salz war nicht überall drin. Einer dachte sich: *Das merkt doch keiner, wenn ich nicht Salz in die Tüte fülle, sondern ein wenig Mehl.* Und so schüttete er den Inhalt seiner Tüte in den dampfenden Topf auf dem Dorfplatz. Tatsächlich – keiner bemerkte den Betrug. Allerdings: Er war auch nicht der Einzige, der statt Salz Mehl in den Topf schüttete. Irgendwie dachten viel zu viele: *Wenn nur die anderen ihr kostbares Salz herschaffen – dann wird es schon reichen!*

Als sie dann alle zusammen Platz genommen hatten und der Eintopf in den Tellern dampfte, legten sie mit Heißhunger los. Doch schon beim ersten Löffel wunderten sich die Leute, warum das Essen dieses Jahr so fade schmeckte.

Man versuchte, sich die Enttäuschung nicht anmerken zu lassen und löffelte schnell und wortlos den Teller leer. Einen Nachschlag wollte niemand. So richtig Stimmung wollte beim diesjährigen Fest nicht aufkommen. Jeder war betrübt, ließ den Kopf hängen: Was war das Essen für eine Enttäuschung gewesen! Dabei hatte sich doch jeder so auf den Eintopf gefreut.

Da unterbrach der Bürgermeister das Fest. Er sammelte alle um sich. Es war totenstill. Mit einem verschmitzten Lächeln sagte er: „Irgendwie habe ich den Eindruck, dass dieses Mal nicht genug gerührt wurde. Jedenfalls ist das Salz im Eintopf nicht gleichmäßig verteilt gewesen. So hatte meine Portion doch einen sehr faden Beigeschmack. Nächstes Mal, meine ich, sollten wir besser umrühren! Aber gut, jetzt sind wir auf jeden Fall um eine wichtige Erfahrung reicher!"

Es war, als ob sich bei diesen Worten die angespannte Stimmung löste und einer nach dem anderen das gesenkte Haupt erhob. Schon konnte man einige lachen hören. Und schon bald verbreitete sich ein herzhaftes Lachen unter allen Gästen. Denn jeder hatte gemerkt: Sollte ein Beisammensein nicht fade schmecken, muss jeder zum guten Geschmack beitragen. Auch wenn es einen etwas kostet.

Wohin mit dem Geld?

Unglaublich, aber wahr – vor vier Jahren habe ich folgende Geschichte erlebt: Als Reiseleiter war ich mit einer christlichen Reisegruppe in der Türkei. Am Ende der Freizeit besuchten wir eine landestypische Teppich-Knüpferei. Alle Teilnehmer saßen nach der Besichtigung schon wieder im Bus – nur zwei ältere Damen fehlten noch. Also ging ich zurück in die Knüpferei, um sie zu suchen.

Und tatsächlich: Da standen sie an der Kasse. Die zwei Frauen waren gerade dabei, einen echten Seidenteppich zu kaufen – im Wert von sage und schreibe 50.000 Euro. Ich fragte natürlich sofort nach, wie sie dazu kämen, einen Teppich für so viel Geld zu kaufen. Sie schauten mich etwas überrascht an und meinten dann: „Wissen Sie, wir haben so viel Geld und wissen nicht, wohin damit."

Wow! Wir haben von Gott so viele Gaben und Talente bekommen, und sollten sie etwa auf diese Weise „unter den Teppich kehren"? Nein, nein, nein! Niemand soll sagen, mit seinen Gaben und Talenten wisse er nicht, wohin. Niemand soll sagen: Ich habe so viel davon, aber ich weiß nicht, was ich damit machen soll. Das Reich Gottes ist so groß: Jeder wird gebraucht, mit all seinen von Gott anvertrauten Talenten – in welcher Form auch immer! Teppiche können warten.

Übrigens: Auf meinen Vorschlag hin ließen die beiden Damen den Teppich Teppich sein und spendeten einen Großteil des Geldes an eine diakonische Jugendhilfe. Von dort bekamen sie jeden Monat Briefe mit Dankschreiben der Jugendlichen, denen mit diesen Gaben und Talenten geholfen wurde, sodass sie selbst ihre Gaben und Talente entdecken und entfalten konnten. Immer wieder waren die beiden Damen auch dort zu Besuch und knüpften neue Freundschaften. Das war letzten Endes viel wertvoller, als so ein kleiner Fußabtreter im Flur!

Verblüfft die Menschen!

Sommerzeit ist Reisezeit. Und wer reist schon gern allein? Es tut gut, wenn man einen Wegbegleiter an seiner Seite hat.

Im Römischen Reich gab es zur Zeit Jesu ein Gesetz. Ein „Reisegesetz". Es besagte: Wenn ein Römer durch das jüdische Land reisen musste, hatte er das Recht, jeden Juden, den er traf, zu „nötigen", also zu zwingen, ihn bei seiner Reise eine Meile weit zu begleiten.

Dieses Gesetz hatte durchaus Sinn: Schließlich war die Reise allein beschwerlich und gefährlich. Dennoch wurde das Gesetz verständlicherweise von den Juden gehasst – wie vieles andere auch, was von der römischen Besatzungsmacht verordnet wurde.

Jesus greift erstaunlicherweise ausgerechnet dieses Gesetz auf und sagt zu seinen Jüngern: „Wenn dich jemand nötigt, eine Meile mitzugehen, so geh mit ihm zwei!"

Christen verblüffen andere mit ihrem Tun! Sie überraschen mit dem, wie sie handeln. Was für ein hoher Anspruch Jesu.

Ich persönlich vermute, dass diese Worte Jesu die „Erfindung" der Diakonie waren. Diakonie kommt von dem griechischen Wort

„dia-konos". „Konos" ist der Straßenstaub, der bei Trockenheit verheerende Ausmaße hatte, noch größere nach sintflutartigen Regenfällen, bei denen sich der Straßenstaub in tiefen Matsch verwandelte. „Dia" bedeutet soviel wie „hindurch gehen". Diakonie könnte man also aus dem Griechischen übersetzen mit: „andere durch den Straßenstaub hindurch begleiten".

Genau das versuchen wir in der Diakonie, auch dort, wo ich arbeite, bei den Zieglerschen: In der Suchthilfe möchten wir Menschen zwei Meilen weit begleiten, sodass sie wieder frei von Suchtmitteln ihre Lebensreise fortsetzen können. In der Behindertenhilfe möchten wir Menschen mit Behinderung zwei Meilen weit begleiten, damit diese oft benachteiligten Menschen ihren Platz in der Gesellschaft finden. In der Jugendhilfe möchten wir junge Menschen mit schlechten Startbedingungen zwei Meilen weit begleiten, um ihnen zu einem gelingenden Leben zu verhelfen. Auch in der Altenhilfe versuchen wir Menschen im letzten Lebensabschnitt zwei Meilen weit zu begleiten, um ihnen in Einsamkeit und Traurigkeit Lebensfreude und Lebenszufriedenheit zu vermitteln. Ein hoher Anspruch, der viel Kraft und Glaube abverlangt, aber in jeder Hinsicht lohnenswert ist!

Überrascht die Menschen mit und durch euer Tun! Verblüfft sie!

Von schwerer Last befreit

Die Chinesen sagen: Wer loslässt, hat zwei Hände frei. Das gilt auch für den Kopf und das Herz. Aber es ist gar nicht so einfach, loszulassen, und dadurch frei zu sein für Neues, wie auch folgende Geschichte beweist:

Zwei junge Mönche, die von ihrem Kloster ausgezogen waren, um neue Erfahrungen in der Welt zu sammeln, waren mittlerweile schon über drei Tage miteinander unterwegs. Viele Städte hatten sie schon durchzogen. Viele interessante Menschen getroffen. Nun waren sie wieder auf dem Weg in eine andere Stadt.

Sie kamen durch einen langen Wald. Der Pfad, auf dem sie gingen, war plötzlich zu Ende, und ein Fluss musste überquert werden, um auf der anderen Seite weiterzugehen. Im Uferbereich war der Fluss noch ruhig, doch in der Mitte des Stroms wurde er tiefer und die Wellen heftiger, der Grund war nicht mehr zu sehen. Wer hindurch wollte, setzte sich der Gefahr aus, und es war abzusehen, dass die Kleider nass werden würden.

Die Mönche wollten gerade ins Wasser, als sie eine junge Frau bemerkten, die ebenfalls den Fluss durchqueren wollte. Allerdings hatte sie Angst vor dem Wasser und zudem trug sie ein wunderschönes Kleid. Den Mönchen war klar: Diese junge, hübsche Frau käme allein nicht durch die Fluten. Sie brauchte Hilfe. Der eine Mönch dachte zuerst an das Gelübde, das er abgelegt hatte: Er durfte einer Frau nicht zu nahe kommen. Der andere Mönch ging, ohne zu überlegen, auf die Frau zu, hob sie auf seine Schultern und ging mit ihr durch den Fluss. Einige Male schien er mit der Frau fast baden zu gehen: Spitze Steine bohrten sich in seine Fußsohle. Glatte Steine brachten ihn fast aus dem Gleichgewicht. Die Stromschnellen hinderten ihn daran, schnell voranzukommen.

Endlich hatte er es geschafft. Er setzte die Frau am anderen Ufer ab. Sie hatte keinen Tropfen Wasser abbekommen, ihr Kleid war ganz trocken. Dankbar nahm sie den Mönch in die Arme, gab ihm einen Kuss auf die Stirn und verabschiedete sich. Auch der zweite Mönch war in der Zwischenzeit am anderen Ufer angekommen und gemeinsam setzten die beiden ihren Weg fort. Und zwar so, wie sich das für Mönche aus dem Schweigekloster gehörte: im Schweigen.

Nach zwei Stunden langem Fußmarsch durch den Wald konnte der eine Mönch nicht mehr an sich halten. Er durchbrach das Schweigen und raunzte den anderen, der die Frau getragen hatte, an: „Was hast du dir dabei nur gedacht! Du weißt doch, dass wir Frauen nicht zu nahe kommen dürfen. Wir haben doch ein Gelübde abgelegt. Du hast dagegen verstoßen und dich strafbar gemacht. Ich verstehe dich nicht!"

Der so angeklagte Mönch, der die Frau getragen hatte, hörte sich die Worte des anderen zunächst geduldig an. Dann konnte er jedoch nicht mehr schweigen und sagte mit ruhiger Stimme: „Weißt du, vor zwei Stunden habe ich die Frau am Ufer trockenen Fußes abgesetzt. Und du? Du trägst sie noch immer mit dir herum!"

Geben wir acht auf das, was wir ungewollt noch immer auf unseren Schultern als Last mit uns herumtragen. Was längst abgesetzt gehört! Gehen wir mit befreiten Schultern weiter! Asaf hat das in Psalm 81 als Loblied gedichtet: „Eine Sprache höre ich, die ich bisher nicht kannte: Ich habe ihre Schultern von der Last befreit und ihre Hände vom Tragkorb erlöset!" Gott sei Dank: Er befreit von schwerer Last!

Richtig satt

Er arbeitete als Journalist bei einer großen Tageszeitung und hatte den Auftrag bekommen, einen Artikel über den Hunger in der Welt zu schreiben. Wie von ihm gewohnt, sollte er sich auf kreative Weise mit dem Thema auseinandersetzen. Ihm kam die Idee, sich mit einem Laib Brot in die Fußgängerzonen der größten Städte der Welt zu stellen. Dort bot er das Brot demjenigen an, der bereit war, für dieses Brot eine halbe Stunde zu arbeiten. In seinem Artikel konnte man dann von seinen Erfahrungen lesen:

„In der Fußgängerzone Berlins, da hatte man nur ein müdes Lächeln für mich übrig. Ja, man hat mich regelrecht ausgelacht. In Paris hat man mich beschimpft und davongejagt. In New York wurde ich schon nach 15 Minuten verhaftet und zum Verhör geladen. In einer Stadt in Kenia fanden sich nach einigen Minuten gleich mehrere Menschen ein, die bereit gewesen wären, nicht nur eine, sondern mehrere Stunden für dieses Brot zu arbeiten. Als diese Menschen vor mir standen, kam ich mir einfach nur schlecht vor. Ich konnte nichts anderes tun, als bewegten Herzens den Brotlaib abzugeben und dabei voller Entsetzen in die hungrigen Gesichter der Menschen zu blicken. Ich musste mir eingestehen, dass dieses Brot womöglich noch nicht einmal einen Menschen sättigen könnte. Aber was dann geschah, beschäftigt mich bis heute! Die Einheimischen holten ihre Musikinstrumente auf die Straße. Es wurde gesungen, gelacht, getanzt, erzählt und Brot geteilt bis tief in die Nacht. Mir war bis dato nicht bekannt, in wie viele Stücke man einen Brotlaib teilen kann. Seitdem steht für mich fest: Richtig satt wird man nur, wenn jeder gibt, was er hat."

Die Steinsuppe

Die Ernte war dieses Jahr ausgefallen. Zu viel Hagel und Kälte hatten nahezu alles verkommen lassen. So herrschte eine große Hungersnot. Da zog ein fröhlicher Vagabund mit seinem Wagen durch ein Dorf. Am erstbesten Haus klopfte er an und fragte: „Habt ihr ein Bett und etwas zu essen für mich? Nur für eine Nacht?" Da schlug man ihm die Tür vor der Nase zu und brüllte von innen: „Weg mit euch! Wir haben nichts zu essen. Und keinen Platz."

Völlig unbeeindruckt zog er fröhlich pfeifend weiter und klopfte am nächsten Haus. Ein armes, kleines Mütterchen öffnete ihm und bat ihn herein. Was er wolle, wurde er gefragt. Nur ein Plätzchen im Warmen für die Nacht, antwortete er. Zu essen habe er selbst dabei. Die Frau ließ ihn gewähren, zeigte ihm ein Bett im Gästezimmer. Dann fragte sie, ob sie denn etwas von seinem Essen haben dürfe, denn es gäbe hier nichts mehr zu essen. Sie hungere schon seit Tagen und wäre dankbar, wenn er ihr etwas abgeben könnte. Er antwortete: „Machen Sie sich keine Sorgen. Ich gehe jetzt und werde eine Steinsuppe kochen. Und alle sind eingeladen! Nur ein Topf fehlt mir noch, ein großer Topf." Die alte Frau war eine gute Köchin. Einen großen Topf, sagte sie, habe sie noch in der Küche. Den könne er gern haben.

Also machte sich der Vagabund mit dem großen Topf auf den Weg und stellte sich mitten auf den Dorfplatz. Dort machte er in der Feuerstelle ein großes Feuer und stellte den Topf darauf. Es dauerte nicht lange, da hatte sich die Kunde vom Mahl, das der Vagabund für alle bereiten wollte, im ganzen Dorf herumgesprochen. Von überall her kamen die Leute. Der Vagabund hatte Wasser aus dem Dorfbrunnen geholt und schüttete es in den Topf, vor den Augen der vielen Zuschauer, denen schon das Wasser im Mund zusammenlief. Der Vagabund rief: „Ah, köstlich. Es wird eine Steinsuppe geben, die wird köstlich. Und sie wird für alle reichen. Und ich liebe diese Steinsuppe!" Und er rührte das Wasser mit Leibeskräften.

„Einmal, da kochte ich sogar eine Steinsuppe mit Kohl! Das war natürlich etwas ganz Leckeres – Steinsuppe mit Kohl!"

Da besann sich ein Bauer, dass er noch etwas Kohl in der Scheune haben müsse. Er holte den halb vergammelten Kohl und gab ihn dem

Vagabunden. Der warf den Kohl in den Topf. Er roch daran und es schien verführerisch zu duften.

„Ah, was für ein Mahl!", sagte er, „Steinsuppe mit Kohl! Ich erinnere mich an einmal, da brachte ein Metzger für die Steinsuppe sogar noch etwas Pökelfleisch. Aber das haben wir heute leider nicht." Der Metzger erinnerte sich daran, dass in seiner Vorratskammer noch etwas Pökelfleisch sein müsse. Er rannte nach Hause, holte die Fleischreste und warf sie in den dampfenden Topf. „Fantastisch!", rief der Vagabund. „Das wird die beste Steinsuppe meines Lebens."

Plötzlich brachten noch andere Menschen aus dem Dorf etwas daher: Eine Frau hatte noch alte Möhren. Ein Junge brachte von seiner Oma die letzten Pilze. Und sogar Zwiebeln hatte der Bürgermeister noch gefunden. Alles wurde in den Topf getan und der Vagabund rührte und rührte und rührte. Zwischendurch kostete er an seiner Suppe. „Ui, das habt ihr noch nie gegessen. Das wird ein Festmahl! Kommt alle mit euren Tellern. Es wird für alle reichen!" Und er teilte die Steinsuppe aus. Und sogar ein zweites und drittes Mal konnten die Leute nachschöpfen. Es reichte für alle! Keiner kam zu kurz. Keiner blieb hungrig. Und der

Bürgermeister ließ in das Goldene Buch des Dorfes eintragen: „Gemeinsam schmeckt's besser!"

Von veränderten Perspektiven

Ein Platz am Fenster

Sie waren beide schwer krank. Seit Wochen lagen sie schon auf der Intensivstation. Der eine hatte sein Bett am Fenster. Der andere zur Zimmertür hin. Der Mann am Fenster musste sich jeden Tag eine Stunde lang aufrichten, um die Flüssigkeit aus seiner Lunge zu entleeren. Dem anderen hatten die Ärzte strengste Liegeruhe verordnet.

Auch wenn sie oft unsagbare Schmerzen litten, nutzten sie doch die unendlich lange Zeit, um miteinander zu reden. So oft es nur ging. Von frühmorgens bis spätabends erzählten sie sich gegenseitig aus ihrem Leben, von ihren Berufen, ihren Familien und ihren Zukunftsplänen. Durch die vielen Gespräche sahen sich die beiden schon als enge Freunde, obwohl sie sich erst ein paar Wochen kannten.

Eine Stunde am Tag allerdings war völlig anders. Da gingen beide spazieren. Nicht zu Fuß, sondern in Gedanken. Immer dann, wenn sich der eine Mann am Fenster aufsetzen musste, erzählte er dem Liegenden in leuchtenden Farben von all den Dingen, die sich vor dem Fenster abspielten. Singende Vögel. Menschen, die aus Autos stiegen. Spielende Kinder.

Bäume, die sich im Wind bewegten. Flugzeuge am Himmel. Schattenspiele an der Wand. Sonnenstrahlen und duftenden Cappuccino, die die Menschen im Besuchercafé gegenüber genossen. Ein aufgeregt durcheinanderlaufendes und miteinander diskutierendes Ärzteteam. Ein Rettungshubschrauber, der langsam den nahe gelegenen Landeplatz anflog.

Für den auf dem Rücken liegenden Mann war diese Stunde Kopfkino etwas ganz Besonderes. Er lag mit geschlossenen Augen da und genoss den Kaffeeduft, freute sich an den spielenden Kindern, sah dem Rettungshubschrauber nach. Er beobachtete die Vögel. Und in ihm erwachte jedes Mal die Sehnsucht, bald wieder gesund zu sein und mit seinem neuen Freund die Welt zu erobern. Aber momentan waren beide noch ans Bett gefesselt.

Dann geschah das Unfassbare: Die Schwestern wollten eines Morgens die beiden Männer waschen – da fanden sie den Mann am Fenster leblos vor. Er war im Schlaf verstorben. Einfach sanft und friedlich eingeschlafen. Die Schwestern waren traurig und holten den Klinikpfarrer. Der nahm die Aussegnung mit den Angehörigen vor. Dann wurde das Bett mit dem toten Freund aus dem Krankenzimmer geschoben.

Der Mann, der allein im Zimmer zurück-
blieb, war unendlich traurig. Dennoch nahm
er all seinen Mut zusammen und fragte eine
der Schwestern: „Darf ich, bevor ein neuer Patient kommt, nun den Fensterplatz haben?"

Die Schwester überlegte nicht lange, löste
die Bremsen des Bettes, schob es zum Fenster
und schloss alle Schläuche und Kabel an. Dann
ließ sie ihn an seinem Fensterplatz allein. Obwohl ihm der Arzt strengste Bettruhe verordnet hatte, entschied er jetzt, sich aufzurichten.
Er wollte endlich einmal selbst aus dem Fenster schauen, um all das mit eigenen Augen zu
sehen, was der verstorbene Freund ihm Tag
für Tag geschildert hatte!

Als er sich mühevoll aufzurichten versuchte, litt er starke Schmerzen. Er brauchte alle
Kraft, um seinen müden, schweren Körper
nach oben zu zwingen. Endlich hatte er es geschafft. Sein Blick schweifte aus dem Fenster.
Aber wie groß waren die Verwunderung und
Enttäuschung: Vor dem Fenster befand sich in
drei Meter Abstand nur die kahle, graue Be-
tonwand des Nachbargebäudes.

Er konnte es kaum fassen, rief die Schwester und fragte sie: „Wieso hat mein Zimmerka-
merad mir täglich eine Stunde lang die schönsten Szenen vor dem Fenster beschrieben? Hier

kann man doch weit und breit gar nichts sehen, außer einer grauen Mauer. Noch nicht einmal den blauen Himmel kann man sehen!"

Doch noch erstaunter war er über die Antwort der Schwester. Sie sagte: „Der Mann, der am Fenster lag, ist durch einen Unfall vor Jahren erblindet. Er hat noch nicht einmal die Wand da draußen gesehen. Vielleicht wollte er Ihnen einfach Mut machen durch die schweren Tage hindurch, indem er Ihnen eine wundervolle Welt beschrieb. Vermutlich war die Welt für ihn selbst genauso, wie er sie Ihnen beschrieben hat."

Die Macht der Dankbarkeit

„Geschlossen wegen Inventur" – so stand es an der Tür zum Kaufhaus. Und ich hätte doch unbedingt kurz vor Jahresende noch etwas gebraucht! Inventur. Nachzählen, wie viel noch da ist. Auf dem Rückweg überlegte ich mir: Wie wäre wohl so eine „innere" Inventur bei mir? Zum Jahresende. Um zu sehen, was da ist. Das könnte man dann in einer Art Bilanz zusammenfassen. Die Regeln sind einfach: Vor alles, was mir mangelhaft und unbefriedigend vorkommt, einfach ein großes „Danke" setzen. Ein großes Plus! Damit es nicht als „Minus" die Bilanz verfälscht. Und plötzlich wird aus ganz viel Minus ganz viel Plus. Denn wenn man mal ehrlich ist: Es gibt soviel Grund zur Dankbarkeit!

Ich kann dankbar sein für die Kleidung, die mal wieder zu eng geworden ist, weil das bedeutet, dass ich genug zu essen habe. Ich kann dankbar sein für den Teppich, den ich saugen muss, und die Fenster, die geputzt werden müssen, weil sie bedeuten, dass ich ein Zuhause habe. Dankbar sein kann ich auch für die hohe Heizkostenrechnung, weil sie bedeutet, dass ich es warm habe. Ich kann dankbar sein für meinen Ehepartner neben mir im Bett, der nachts schnarcht, weil es bedeutet, dass ich nicht allein bin. Ich kann auch dankbar sein für die Steuern, die ich zahlen muss, weil das bedeutet, dass ich eine bezahlte Beschäftigung habe. Ich kann dankbar sein für die Frau hinter mir in der Kirche, die so schief singt, weil das bedeutet, dass ich gut hören kann. Und ich kann dankbar sein für den Wäscheberg zum Waschen und Bügeln, weil er bedeutet, dass ich viel zum Anziehen besitze. Sogar für den Wecker, der mich morgens unsanft aus meinen Träumen reißt, kann ich dankbar sein, weil das bedeutet, dass ich am Leben bin.

Diese Form von Jahresbilanz, diese Inventur, ließ mich das zurückliegende Jahr mit einem guten Gefühl abschließen. Gut tat auch, sich einmal zurückzuziehen, für einen Moment unerreichbar zu sein, und dann nachzudenken. Die Dankbarkeit legt ein gutes Fundament für das neue Jahr. Ich habe das Gefühl: Es ist viel da. Ich habe so viel Gutes, das mir hilft, das Neue zu wagen und Herausforderungen anzugehen.

Lust statt Last

Sie hatten ein besonderes Verhältnis zueinander – Sarah und der kleine Tim. Sie war die ältere Schwester, und mit ihren 16 Jahren genau 13 Jahre älter als der kleine Tim, der als Nachzügler auf die Welt kam. Aber während Sarah fröhlich tanzen, rennen, laufen, springen konnte, war Tim von Geburt an schwerbehindert. Laut Aussage der Ärzte würden ihn seine Füße auch nie tragen können.

Getragen aber wurde er – von seiner Schwester. Sarah nahm ihn so oft es ging mit – in die Stadt, in den Wald, in die Schule, zu ihrer Clique – wohin auch immer. Einmal war sie bei einer Geburtstagsfeier eingeladen. Die Freunde schauten etwas argwöhnisch: Musste Sarah immer ihren kleinen Bruder dabei haben? Konnte sie nie etwas allein machen?

Von einem Freund hörte Sarah dann folgende mitleidige Aussage: „Mannomann, da trägst du ja eine ganz schöne Last mit dir herum."

Sarah antwortete nur: „Last? Ich trage doch keine Last. Ich trage meinen Bruder." Und sie hielt ihren Bruder noch fester im Arm und gab ihm ein Kuss auf die Stirn.

„Versöhne dich mit deinem Bruder", so heißt es bei Jesus. Sarah hat sich mit ihrem Bruder versöhnt. Versöhnung ist nicht nur verzeihen. Versöhnung heißt: etwas annehmen, akzeptieren und darüber hinaus umarmen und auf die Stirn küssen. Lasten wie einen Bruder lieb gewinnen. Zugegeben, die hohe Kunst der Lebensbewältigung. Anspruchsvoll, fast schon eine Zumutung. Typisch Jesus!

Engel am Abgrund

Pfarrer Johannes Kuhn, ein Freund und Meister der Radioverkündigung, lockte jahrzehntelang Tag für Tag Hunderttausende Menschen vors Radio und vor den Fernseher, wenn er mit den täglichen Andachten oder gar dem Wort zum Sonntag an der Reihe war. Er konnte seine Zuhörer fesseln! Und das ganz ohne Wort-für-Wort-Manuskript, sondern immer nur mit ein paar Stichworten und dabei immer die Zeit im Gefühl – mit einer punktgenauen Landung.

Sein Geheimnis: Ein einziger Gedanke und ein roter Faden, der sich von Anfang bis zum Ende durchzieht, reichen völlig. Aber er hatte meines Erachtens noch ein anderes Geheimnis: Er hatte einfach viel erlebt, was ihn zu einem Christen machte, der viel zu erzählen wusste! Als wir einmal gemeinsam im Studio waren, beschrieb er mir eine Begebenheit, die ich nicht mehr vergessen konnte.

Zu Radioaufnahmen war er in einer großen Stadt. Morgens verließ er mit seinen Notizen in der Hand sein Hotelzimmer im 6. Stock und drückte im Flur auf die Aufzugtaste. Es war noch früh und er war offenbar der einzige Gast auf der Etage, der bereits aufgestanden war. Während des Wartens studierte er noch einmal seine Stichworte. Dann kam der Aufzug und die Türen öffneten sich. Noch immer völlig in sein Andachtsmanuskript vertieft, wollte er ohne aufzublicken einsteigen, aber aus unerklärlichen Gründen konnte er keinen Schritt nach vorn tun.

Als er aufblickte, erschrak er: Vor ihm klaffte der 10 Meter tiefe Aufzugsschacht. Der Fahrstuhl war nicht nach oben gekommen. Ein technischer Defekt, den er mit dem Leben bezahlt hätte, wenn er einen Schritt nach vorn getan hätte. Wenn er heute daran zurückdenkt, so erzählt er, fährt ihm immer noch ein Schauer über den Rücken. Aber er erinnert sich auch an das Gefühl, in diesem Moment wie von einer unsichtbaren Hand fest- und zurückgehalten worden zu sein, was ihm nicht ermöglichte, auch nur einen Schritt weiter zu gehen.

Seitdem glaubt er an Engel! Der Aufzug war für ihn ein wundersamer, lebendiger Beweis.

Mein erster Ferienjob

Es war der erste Ferienjob, den ich mit ungefähr 13 Jahren machen durfte. Der Leiter eines Lebensmittelgeschäftes – dem größten in der Stadt – hatte mich für vier Wochen angestellt. Nun war mein erster Tag gekommen. Ich stand pünktlich auf der Matte. Der Chef selbst nahm sich meiner an und zeigte mir den ganzen Laden.

Ich war gespannt, welche Aufgaben ich erledigen durfte. Eventuell auch mal an der Kasse sitzen und kassieren? Aber nein. Er ging mit mir ins Lager und bat mich, dort aufzuräumen. Aber nicht im Erdgeschoss ... dort sah es ja ganz gut aus. Uwe, der Lagerist hatte hier alles unter Kontrolle. Nein, der Chef ging mit mir in den Keller. Eine alte Holztreppe hinunter. Dort angekommen schaltete er das spärliche Licht ein und präsentierte mir das Kellerlager: Waschmittelpakte, so weit das Auge reichte. Weinflaschen ohne Ende. Paletten voll mit Dosen, Flaschen und Non-Food-Artikeln.

Mir wurde auf einmal ganz heiß. Überall hingen Spinnweben, überall roch es nach Waschmittel. Hier lag eine tote Maus, dort eine Ratte ... es war furchtbar! Vier Wochen hätte ich Zeit, um Ordnung in das Chaos zu bringen, meinte er.

Zwar war es zunächst wirklich schrecklich dort unten. Aber ich hatte je länger, je mehr dieses verkommene Lager als meinen Platz akzeptiert. Ja, ich hatte es mir dort sogar gemütlich gemacht! Einen kleinen Stuhl, einen kleinen alten Tisch aufgestellt, mit ein paar Getränken und Süßigkeiten. Und dann legte ich los, mit dem ehrgeizigen Ziel vor Augen: Ich wollte dieses Lager auf Vordermann bringen. Ich wollte es blitzblank machen.

So schob ich die Paletten hin und her. Stapelte die Kisten neu, entsorgte die Mäuse und Ratten, bekämpfte mit großer Leidenschaft alle Spinnennetze, entstaubte die alten Lichter … und es wurde Schritt für Schritt immer heller und übersichtlicher. Dieser alte Gerümpelkeller wurde immer mehr zu meinem Werk, zu meinem Raum, zu meiner Sache. Und – so komisch es sich anhört – ich gewann meine Arbeit lieb.

Nach einer Woche war der Chef sehr überrascht, als ich ihn bat, mit mir das Kellerlager anzuschauen. Er war nicht schlecht erstaunt, als er das Resultat sah! Damit, so meinte er, habe er nicht gerechnet. Seitdem hatte ich bei ihm in jeden Ferien einen sicheren Job. Für mich war es eine großartige Lektion: Versuche, die Umstände lieb zu gewinnen. Egal, wie widerspenstig sie sind. Lass dich nicht abhalten von Unangenehmem, sondern erobere das Land Schritt für Schritt und nimm es für dich ein!

Mutterfreuden dank Mustersöhnen

Eine Frau hatte drei Söhne. Als sie erwachsen waren, verließen sie das Elternhaus, gingen hinaus in die Welt und kamen zu Reichtum.

Als die drei sich wieder einmal trafen, sprachen sie darüber, was sie ihrer Muter zum achtzigsten Geburtstag schenken sollten.

Der erste, Christopher, sagte: „Ich werde Mutter ein großes neues Haus bauen lassen." Der zweite, Anthony, sagte: „Ich werde ihr einen Rolls-Royce mit Fahrer schenken." Der dritte, William, lächelte und sagte: „Ich denke, ich kann euch beide mit meinem Geschenk übertrumpfen. Ihr wisst ja, Mutter ist gläubig und liest gerne in der Bibel. Und ihr wisst auch, dass sie nicht mehr gut sehen kann. Ich werde ihr also einen braunen Papagei schicken, der die ganze Bibel auswendig kann. Sechs Mönche haben in einem Kloster zwölf Jahre daran gearbeitet, ihm den gesamten Text beizubringen. Ich habe dafür eine halbe Million Dollar aufwenden müssen, aber ich glaube, es war die Sache wert. Mutter braucht bloß Name, Kapitel und Vers zu nennen, und der Papagei kann den Text aufsagen."

Als der Geburtstag vorbei war, schrieb die Mutter ihre Dankesbriefe an die drei Söhne.

„Christopher", schrieb sie an den ersten, „das Haus, das du mir hast bauen lassen, ist viel zu groß. Ich lebe nur in einem Raum und muss trotzdem alle Zimmer putzen."

„Anthony", schrieb sie an den zweiten, „ich bin zu alt, um herumzureisen. Der Fahrer ist zwar sehr nett. Aber ich bleibe lieber zu Hause und benutze den Rolls-Royce leider gar nicht. Außerdem verbraucht das Auto viel zu viel Benzin."

„Mein liebster William", schrieb sie an den dritten, „du bist der einzige meiner Söhne, der weiß, was seine Mutter gern hat. Das Hähnchen war vorzüglich. Vielen Dank."

Wie arm wir sind!

Gönnen Sie sich eine neue Sicht der Dinge. Vielleicht so, wie der kleine Junge in folgender Geschichte:

Eines Tages machte ein Vater mit seinem Sohn einen Ausflug aufs Land, um ihm zu zeigen, wie arm Menschen sein können. Sie verbrachten den Tag und eine Nacht auf dem Bauernhof einer sehr armen Familie.

Als sie von ihrem Ausflug zurück waren, fragte der Vater seinen Sohn: „Nun, mein Junge, wie war der Ausflug?"

„Schön, Papa!"

„Und hast du auch mitbekommen, wie arm Menschen sein können?", fragte der Vater.

„Ja!", erwiderte der Sohn.

„Und was hast du daraus gelernt?"

Der Sohn antwortete: „Ich habe gesehen, dass wir einen Hund bei uns zu Hause haben, und dort haben sie vier. Wir haben einen Swimmingpool, sie haben einen Bach, der bis zum Horizont reicht. Wir haben japanische Lampen im Garten, sie haben die Sterne. Unsere Terrasse reicht bis zum Vorgarten, sie sehen den Himmel."

Als der Junge das gesagt hatte, war der Vater sprachlos. Und dann fügte sein Sohn noch hinzu: „Danke, Papa, dass du mir gezeigt hast, wie arm WIR sind."

Der Wettlauf

Bei einem großen Schulsportfest im Bundesstaat Connecticut fand auch ein Langstreckenlauf für Mädchen statt. Alle hatten wochenlang trainiert und sich auf dieses sportliche Ereignis vorbereitet. Schon nach wenigen Runden zeichnete sich ab, dass eines der Mädchen viel schneller war als die Vertreterinnen der anderen Schulen. Von vornherein war vielen klar: Dieses Mädchen ist Favoritin und wird Sportgeschichte schreiben! Und tatsächlich: Leichtfüßig und kraftvoll lief sie den anderen auf und davon. Die Sportlehrer und Trainer wurden mit jedem Zwischenergebnis aufgeregter. Würde dieses unbekannte Mädchen wirklich den Landesrekord überbieten? War dies der Beginn der Karriere eines neuen Sportstars am Leichtathletikhimmel?

Als die letzte Runde eingeläutet wurde, blickte sich das junge Mädchen plötzlich um und bemerkte, dass ihre Kameradinnen ganz weit zurücklagen. Statt zum Endspurt anzusetzen, begann sie auf einmal langsamer zu laufen. Immer langsamer wurden ihre Schritte, der Abstand zu den anderen Läuferinnen schrumpfte von Sekunde zu Sekunde. „Lauf,

Mädchen!", schrien die Trainer, „lauf!" Aber sie ließ sich von der nächsten Läuferin einholen, lächelte sie an, und auch diese verlangsamte ihr Tempo. Und so kam es schließlich, dass am Ende die ganze Mädchengruppe gemeinsam die Ziellinie überquerte.

Die Trainer waren außer sich. „Bist du krank?", fragten sie. „Nein", sagte das Mädchen. „Hattest du Muskelkrämpfe?" „Nein." „Du hättest einen neuen Landesrekord erringen können! Du hast das Zeug zu einer ganz großen Karriere! Warum hast du deinen Sieg verschenkt?" „Es war so langweilig da vorne", sagte das Mädchen. „Es macht viel mehr Spaß, gemeinsam mit den anderen zu laufen."

Da waren die Trainer sprachlos.

Durch die Blumen

Der große Philosoph Ernst Jünger hat einmal gesagt: „Wenn die Welt uns erschüttert, kann ein Blick auf eine Blume die Ordnung wieder herstellen."[6]

Von ihm wird berichtet, dass er an seinem Lebensabend jeden Tag einen Spaziergang unternahm und dabei seinen Blick auf die Natur, die Blumen, die Käfer richtete. Davon kann etwas Heilsames ausgehen. Etwas, das uns hilft, nicht zu vergessen: Wenn die Welt ganz aus den Fugen gerät, wird unsere Wirklichkeit, unser Alltag doch nicht nur aus Chaos bestehen.

Auch Jesus ist ein Blumenliebhaber. Und er fordert uns auf, die Blumen auf dem Feld anzusehen. Dahinter, so sagt er, entdecken wir die größere Ordnung, die über allem steht. Den, der die Blumen geschaffen hat, und der für uns sorgt. Tagtäglich, im Kleinen wie im Großen. Eine wunderbare Ordnung mitten in aller Unordnung!

---

6 Ernst Jünger, Sämtliche Werke, Klett-Cotta, Stuttgart, 1979, S.566

Den staubigen Weg zum Blühen bringen

Zu jener Zeit, als es im Dorf noch kein flie-
ßend kaltes oder warmes Wasser gab,
machte sich jeden Tag zur gleichen Zeit eine
Gruppe Frauen auf den Weg, um vom Fluss unten im Tal Wasser zu holen.

Der Weg war beschwerlich. Vor allem der
Rückweg, wenn man in Tonkrügen das Wasser
auf dem Kopf balancierte und gleichzeitig auf
den steilen, staubigen Weg hinauf zum Dorf
achten musste. Einer jungen Frau wurde der
Weg dann eines Tages zum Verhängnis. Sie
rutschte mit ihrem Krug aus, nur weil sie kurz
unachtsam war, und fiel zu Boden. Glücklicherweise verletzte sie sich dabei nicht. Aber
ihr Krug wurde beschädigt. Das Wasser lief
heraus.

Zuhause angekommen hörte sie von ihrer
Mutter die vorwurfsvollen Worte: „Du bist
doch wirklich zu nichts zu gebrauchen. Noch
nicht einmal zum Wasserholen. Warum warst
du nur so ungeschickt? Schau die anderen
Frauen an. Sie sind viel besser als du."

Die Tochter wollte sich entschuldigen und
beweisen, dass sie es besser machen konnte.
Doch die Familie hatte kein Geld für einen

neuen Krug. So wickelte sie notdürftig ein Tuch um den beschädigten Krug und holte damit weiterhin täglich Wasser. Dabei ging jedoch mehr Wasser unterwegs verloren, als zu Hause ankam. Die Enttäuschung war groß. Und mit der Zeit wuchsen auch die Bitterkeit und die Überzeugung in ihr: „Ich kann nichts. Ich bin ungeschickt. Ich bin zu nichts zu gebrauchen."

Eines Tages aber, als die anderen Frauen die Traurigkeit des Mädchens mit dem zerbrochenen Krug bemerkten, fingen sie an zu tuscheln und zu lachen. Sie sagten zu ihr: „Sieh dir diese vielen kleinen, wunderschönen Blumen am Wegrand an! Wie hübsch sie anzusehen sind mit ihren roten, gelben, weißen Blüten. Dort, wo der Wegesrand sonst nur staubig ist, wachsen plötzlich die schönsten Blumen. Weißt du warum?"

Die junge Frau konnte es sich zunächst nicht erklären.

„Schuld sind die Wassertropfen, die aus deinem kaputten Krug auf den Weg tropfen. Sie haben den staubigen Weg zum Blühen gebracht!"

Den richtigen Ton gefunden

In Armenien – im Süden dessen, was einmal die Sowjetunion gewesen ist – lebte im 18. Jahrhundert ein Ehepaar. Der Mann war ein Cellospieler – einer der Großen seiner Zeit, der alles, was bis zu jener Zeit für sein Instrument komponiert worden war, virtuos beherrschte. Je älter er aber wurde, desto weniger spielte er und desto mehr Wert legte er darauf, dieses Wenige in höchster Vollendung der Tongebung zu spielen.

Als er nun ganz alt geworden war, spielte er nur noch einen einzigen Ton, diesen jedoch so wunderbar, wie man es nie zuvor von einem Cello gehört hatte. Seine Frau fand das äußerst langweilig – täglich stundenlang der gleiche Ton! Schließlich wusste sie, welch begnadeten Cellospieler sie zum Mann hatte. Nun geschah es, dass in diese kleine armenische Stadt eines Tages ein Orchester kam und ein Konzert gab. Die Frau ging voller Erwartung hin, hörte erregt zu, kehrte begeistert zurück und berichtete ihrem Mann: „Es waren sehr viele Cellisten in diesem Orchester und sie spielten rauf und runter, viele verschiedene Töne – und du spielst immer nur den einen Ton."

Darauf sagte der Mann: „Ich habe den richtigen Ton gefunden. Sie suchen ihn noch."

Die Bekehrung im Keller

Es war auf einer Kinderfreizeit. Bettruhe um 22 Uhr. Wir waren in 6-Bett-Zimmern untergebracht. Wie sollte man da ruhig sein und schlafen?! Also ging kurz nach dem letzten Rundgang des Freizeitpersonals die Party los. Wasser vom Feinsten, trockene Kekse und alles im Schein der Taschenlampe. Zu sechst saßen wir im Bett des kleinen dicken Clemens. Die Latten bogen sich unter unserem Gewicht und wir uns vor Lachen. War das ein Spaß!

Doch das Ganze ging recht schnell zu Ende. Plötzlich, als ich gerade an der Reihe war, einen Witz zu erzählen, ging die Tür auf, und Angelika, die korpulente Freizeitleiterin, stampfte hinein. Vier von uns schafften es in ihre Betten, ohne erwischt zu werden, Clemens war ja eh in seinem Bett und begrub sich unter seiner Decke. Ich versuchte ebenfalls zu flüchten, erreichte aber nicht das rettende Bett, sondern wurde von den wuchtigen Armen Angelikas „gefangen". „Typisch Heiko!", rief sie. Und ich wurde abgeführt.

Mein Vergehen bedeutete die Höchststrafe: Die restliche Nacht sollte ich im Kellergewölbe zubringen, wo der Billardtisch, die Tischtennisplatte, sowie eine alte ungeziefergetränkte Couch standen und sich Spinnen und Milben Gute Nacht sagten. Sie brachte mir noch eine Decke, knipste das Licht aus, zog die Tür hinter sich zu und drehte den Schlüssel herum. Das Ende einer Party! Der Anfang meiner Bekehrung!

Nach etwa 10 Minuten kam Angelika erneut in den Keller, schaltete das Licht wieder ein, setzte sich zu mir auf die Couch und fragte mich, ob ich Jesus lieb haben würde. Ich antwortete: „Ja" – in der Hoffnung, ihr Gefallen zu finden. Aber ein bisschen stimmte es ja auch. Als sie mich dann jedoch fragte, ob ich mich auch schon für Jesus entschieden hätte, musste ich passen – und erwartete, dass sie beleidigt von dannen ziehen würde. Sie aber ermutigte mich, doch jetzt Jesus mein Leben zu übergeben.

Ich dachte einen kurzen Augenblick nach: Was hatte ich zu verlieren? Und vielleicht durfte ich ja nach der Bekehrung wieder zu den Jungs rauf, in mein eigenes Bett. Also stimmte ich zu. Sie sprach ein Gebet vor. Ich sprach jeden Satz nach. Danach war die Bekehrung abgeschlossen. Mein Leben gehörte von nun an Jesus. Sagte jedenfalls Angelika. Und tatsächlich: Vor lauter Freude, dass ein Sünder den

Weg zu Jesus fand – noch dazu in ihren starken Armen – erlaubte sie mir, wieder nach oben zu gehen. Als Frischbekehrter würde ich mich natürlich an alle Regeln und vor allem die Nacht- und Bettruhe halten – so dachte sie. Das tat ich auch ... was blieb mir anderes übrig?!

Tja, meine persönliche stille Nacht, heilige Nacht! Seitdem bin ich bekehrt. An das Sofa und den dunklen Keller kann ich mich noch genau erinnern!

Mittagessen mit Gott (nach einer Geschichte von Julie A. Manhan)

Es war einmal ein kleiner Junge, der unbedingt Gott treffen wollte. Er war sich darüber bewusst, dass der Weg zu dem Ort, an dem Gott lebte, sehr lang war. Also packte er seinen Rucksack voll mit einigen Flaschen Limonade und viel Schokolade. Dann machte er sich auf die Reise.

Er lief eine ganze Weile und kam in einen kleinen Park. Dort sah er eine alte Frau, die auf einer Bank saß und den Tauben zuschaute, die vor ihr auf dem Boden nach Futter suchten. Der kleine Junge setzte sich zu der Frau auf die Bank und öffnete seinen Rucksack. Er wollte sich gerade eine Limonade herausholen, als er den hungrigen Blick der alten Frau sah. Also griff er zu einer Schokolade und bot sie der Frau an.

Dankbar nahm sie die Süßigkeit und lächelte ihn an. Es war ein wundervolles Lächeln! Der kleine Junge wollte dieses Lächeln noch einmal sehen und bot ihr auch von seiner Limonade an. Sie nahm die Limonade und lächelte wieder – noch strahlender als zuvor. Der kleine Junge war selig.

Die beiden saßen den ganzen Nachmittag lang auf der Bank im Park, aßen Schokolade und tranken Limonade. Aber sie sprachen dabei kein Wort.

Als es dunkel wurde, spürte der Junge, wie müde er war, und er beschloss, zurück nach Hause zu gehen. Nach einigen Schritten hielt er inne und drehte sich um. Er ging zurück zu der Frau und umarmte sie. Die alte Frau schenkte ihm dafür ihr allerschönstes Lächeln.

Zu Hause sah seine Mutter die Freude auf seinem Gesicht und fragte: „Was hast du denn heute Schönes gemacht, dass du so fröhlich aussiehst?" Der kleine Junge antwortete: „Ich habe mit Gott zu Mittag gegessen – und sie hat ein wundervolles Lächeln!"

Auch die alte Frau war nach Hause gegangen, wo ihr Sohn schon auf sie wartete. Auch er fragte sie, warum sie so fröhlich aussah. Und sie antwortete: „Ich habe mit Gott zu Mittag gegessen – und er ist viel jünger, als ich gedacht habe."

Unerfüllte Wünsche

Dr. Chun-Ming Kao war als politischer Gefangener in China lange Jahre im Gefängnis. Er hat folgendes Gebet geschrieben:

„Ich bat den Herrn um frische Blumen,
aber stattdessen gab er mir einen hässlichen Kaktus
mit vielen Dornen.
Ich bat den Herrn um schöne Schmetterlinge,
aber stattdessen gab er mir viele hässliche
und widerliche Würmer.
Ich fühlte mich bedroht. Ich war enttäuscht.
Ich trauerte.
Aber nach vielen Tagen plötzlich
sah ich den Kaktus blühen
mit vielen wunderschönen Blüten.
Und aus jenen Würmern
entstanden wunderschöne Schmetterlinge,
die in der Luft fliegen.
Gottes Weise ist die beste Weise."

So viele unserer Gebetsanliegen, unserer Wünsche und Bitten, die wir Gott vortragen, werden auf eine Weise erhört, die uns manchmal fragwürdig erscheint. Und das schlägt sich nieder auf unser Gemüt wie bei einem Kind, dem man zu Weihnachten nicht alle Wünsche des langen Wunschzettels erfüllte. Wir sind enttäuscht, fühlen keine Freude, denken sogar, zu kurz gekommen zu sein.

Doch was sehe ich aber auch an meinen Kindern: Trotz unerfüllter Wünsche entdecken sie ein paar Tage später das, was sie geschenkt bekommen haben, als liebstes Spielzeug, als schönes Geschenk! Manche unerfüllten Wünsche entpuppen sich auch in unserem Leben – im Nachhinein betrachtet – als Gebetserhörung. Aber eben auf Gottes Weise!

Nebel, Nebel, Nebel

Am Morgen des 4. Juli 1952 lag die kalifornische Küste vollständig im Nebel. 34 Kilometer westlich davon, auf der Insel Catalina, wagte sich eine 34-jährige Frau dennoch ins Wasser und machte sich auf, in Richtung Kalifornien zu schwimmen – entschlossen, diese Strecke als erste Frau der Welt zu bewältigen.

Das Wasser war eiskalt und der Nebel so dicht, dass sie kaum die Beiboote ausmachen konnte. Millionen schauten über die Fernsehkanäle zu. Mehrmals mussten Haie mit Gewehren vertrieben werden, um die einsame Schwimmerin zu schützen. Zu Hause hielt es die Menschen kaum mehr auf den Fernsehsesseln. Sie kämpften mit der Frau, sie litten mit ihr. Laut feuerten sie sie an.

Aber man merkte, dass die Ermutigungen nicht recht durchdrangen. Natürlich war die Schwimmerin gut trainiert. Sogar gegen die Müdigkeit war sie gewappnet. Aber mit einem hatte sie nicht gerechnet: Es war die eisige Kälte, die ihr zu schaffen machte. Über 15 Stunden später bat sie, steif vor Kälte, aus dem Wasser geholt zu werden. Sie konnte nicht mehr. Ihre Mutter und ihr Trainer, die im Boot neben ihr herfuhren, sagten ihr, dass die Küste schon ganz nah sei. Sie drängten sie, nicht aufzugeben, aber als sie zur kalifornischen Küste hinüberschaute, sah sie nichts als den dichten Nebel und wiederholte ihre Bitte, aus dem Wasser gezogen zu werden.

Stunden später, als sie sich wieder aufgewärmt hatte, kamen die Erkenntnis und der Schock über ihren Misserfolg. Kurz vor dem Ziel, nur ein halbe Meile vor der Küste, hatte sie aufgegeben! Ein Reporter fragte sie: „Miss Chadwick, was hat Sie davon abgehalten, diese letzte Strecke zu schwimmen?"

„Es war der Nebel", antwortete sie. „Wenn ich das Land hätte sehen können, hätte ich es geschafft. Dann hätte ich auch die Kälte ausgehalten. Aber wenn man da draußen schwimmt und sein Ziel nicht sehen kann ..."

Zwei Monate später versuchte Florence Chadwick es erneut. Obwohl es wieder nebelig war, bewältigte sie die Strecke – diesmal hatte sie ihr Ziel im Kopf.

Allzu oft haben auch wir unser Ziel nicht mehr vor Augen. Nebensächliches oder Unwichtiges türmt sich wie dichte Nebelschwaden vor uns auf. Und dann zwingen uns die Widerwärtigkeiten zum Aufgeben. Oder zum Umkehren. Zum Kurswechsel – obwohl das

Ziel zum Greifen nahe gewesen wäre. Christen sind solche, die das Ziel vor Augen haben. Aufgeben ist dann trotzdem nicht ausgeschlossen. Aber es gibt eine Kraft, die uns zum Neuanfang stark macht und uns das Ziel vor Augen führt!

Rein in die Schublade!

Schubladen – in meinem Büro. Alles hat seinen Platz.
Schubladen – in meiner Wohnung. Alles hat seine Ordnung.
Schubladen – in meinem Keller. Alles ist gut verstaut.
Schubladen – in meinem Kopf.
Schubladendenken.
Die oberste Schublade – gefüllt bis an den Rand.
Die unterste Schublade – gefüllt bis oben hin.

In der einen Schublade steckt der Nachbar, der mich vor Kurzem so unangenehm behandelt hat.

In der anderen Schublade steckt der Arbeitskollege, mit ihm stehe ich schon lange auf Kriegsfuß.

In dieser Schublade steckt mein Ehepartner – er ist unverbesserlich und wird sich wohl nie mehr ändern.

In der untersten Schublade stecken die Schwiegermutter, der Vorgesetzte und noch ein paar ehemalige Freunde. Sie alle haben mir Dinge angetan, die unterstes Niveau waren – unterste Schublade eben.

Schubladendenken …

Wer und was einmal in Schubladen ist, kommt dort nicht so schnell wieder heraus.

Wie befreiend war es, als mich einer aus seiner Schublade wieder herausließ. Wie wohltuend, als er mir eine Chance gab und zu mir sagte: „Du bist ja ganz anders. Das hätte ich nicht gedacht!"

Gott sei Dank, ich war wieder draußen aus der engen Schublade.

Wie wertvoll für unser Leben, für unsere Beziehungen, wenn Schubladen geöffnet werden, und wir einander neue Chancen einräumen. Wie wertvoll, wenn sich jeder frei entfalten darf, ohne eingeengt in einer Schublade zu stecken.

Ich gebe meinem Herzen heute einen Schub und öffne die Schubladen in meinem Kopf … eine nach der anderen.

Danken schützt vor Wanken

Machen Sie mal einen Selbsttest. Fragen Sie sich:

1. Habe ich genug zu essen? (Nicht so viel, dass ich ständig an Diäten denken muss.)
2. Habe ich anständige Kleider? (Nicht 20 Anzüge oder 30 Kleider, sondern schlichte, intakte, wärmende Kleidung.)
3. Habe ich ein Heim, das mich vor dem Wetter schützt? (Nicht eine Villa, nicht ein Penthouse.)
4. Habe ich ein zuverlässiges Transportmittel? (Das kann auch ein Fahrrad sein.)

Wenn Sie viermal mit Ja antworten können, gehören Sie zu den 15 Prozent der reichsten Menschen auf diesem Planeten. Denn 85 Prozent der Weltbevölkerung müssen einmal (oder öfter) mit Nein antworten. Obwohl wir alles haben, was uns dankbar machen könnte, sind wir Menschen die Meister der Undankbarkeit. Wir nörgeln, neiden und nehmen alles für selbstverständlich.

Deshalb: Wie heißt es im Volksmund? Loben zieht nach oben, Danken schützt vor Wanken! Manchmal braucht man für die Dankbarkeit Zeit zur Besinnung. Das Gute, was man hat, vergisst man so schnell, weil man sich das wünscht, was man nicht hat. Wie heißt es auch? „Wer schreibt, der bleibt". Vielleicht fangen Sie heute noch an, ein Tagebuch der Dankbarkeit zu führen. Und kaufen Sie sich schon mal ein zweites Buch, denn das erste wird schnell voll sein!

Maßgeschneidert

Ein sechzigjähriger Mann litt seit einiger Zeit an Schwindelgefühlen und sah weiße Punkte vor seinen Augen. Er suchte einen Arzt auf. Nach eingehender Untersuchung wurde ihm gesagt, dass er an einer sehr seltenen Krankheit leide und höchstens noch ein halbes Jahr zu leben habe.

Der Mann gab seine Arbeit auf, kaufte sich einen Sportwagen, buchte eine Weltreise und machte all die Dinge, die er schon längst einmal hatte machen wollen, wozu er aber bisher nicht genug Zeit oder Geld gehabt hatte.

Unter anderem besuchte er das Geschäft eines vornehmen Herrenausstatters, um sich zum ersten Mal in seinem Leben ein maßgeschneidertes Hemd und einen passenden Anzug anfertigen zu lassen. Der Schneider maß die Halsweite: „42 cm."

„Nein", sagte der Mann, „meine Hemden haben immer Kragenweite 40."

Der Schneider maß noch einmal nach: „Hier, mein Herr, sehen Sie selbst, 42 cm."

„Nein, ich habe immer Kragenweite 40 gehabt. Ich möchte ein Hemd mit Kragenweite 40."

Der Schneider sagte: „Wie Sie wünschen, mein Herr, ich werde Ihnen ein Hemd mit Kragenweite 40 anfertigen. Aber lassen Sie mich ein Wort der Warnung aussprechen: Der Kragen wird auf Ihre Halsschlagader drücken, sodass Sie Schwindelgefühle haben werden und weiße Punkte vor Augen sehen."

Manchmal passt das, was wir tragen, nicht mehr zu uns. Es macht uns fast krank: alte Gewohnheiten, eingefahrene Zeremonien, Eigenarten, Bräuche, Gedanken, Erfahrungen. Vieles haben nicht mehr wir im Griff, sondern es hat uns im Griff – mit Macht. Zum Beispiel die Macht der Gewohnheit oder die Befehle der Gedanken.

Erinnern wir uns an ein Wort von Paulus: „Zur Freiheit hat uns Christus befreit! So steht nun fest und lasst euch nicht wieder das Joch der Knechtschaft auflegen!" (Galater 5,1)

Lassen wir uns durch nichts und niemand die Freiheit nehmen! Lassen wir uns von niemand und auch nicht von uns selbst einengen, hineinzwängen, hineindrängen in Dinge, die nicht mehr zu uns passen.

Alles hat
seine Zeit

Simultantentum

Was ein Simulant ist, wissen wir: ein Mensch, der einem anderen etwas vorspielt. Aber was bitte ist ein Simultant? Volker ist ein Simultant. Er ist im Erziehungsurlaub und geht morgens mit dem Kinderwagen und seinem Kleinen joggen. Dabei lenkt er mit der Linken den Kinderwagen, bedient mit der Rechten das Handy und schafft es sogar noch, über sein Bluetooth-Freisprechmikrofon am Ohr mit seinem Freund Oliver zu telefonieren. Das ist echtes Simultantentum!

Eine hohe Kunst, vier Sachen gleichzeitig zu machen. Zeitforscher sind der Meinung: Dieses simultane Verhalten ist die größte Veränderung der vergangenen Jahre und nährt die Beschleunigung und Pausenlosigkeit – damit aber auch das Phänomen von Burnout. Ein Leben lang nach dem Motto zu leben: „Alles zu jeder Zeit, überall und sofort" macht aus uns Gejagte, Gestresste!

Frauen sind anscheinend die besseren Simultanten; sie haben das größere Talent in Sachen Multitasking. Wie die bekannten Zahnputztests beweisen:

Zahnputztest 1: Die meisten Frauen können ihre Zähne putzen, während sie in der Gegend herumlaufen und über die unterschiedlichsten Themen reden. Männer können das nicht, jedenfalls nicht mit der Zahnbürste zwischen den Zähnen.

Zahnputztest 2: Frauen können gleichzeitig mit der Zahnbürste Auf-und-ab-Bewegungen ausführen und mit der anderen Hand in kreisförmigen Bewegungen einen eckigen Tisch abwischen. 99 Prozent der Männer finden das schwierig bis unmöglich. Männer müssen sich auf eine Sache konzentrieren. Deshalb stehen sie im Normalfall vor dem Waschbecken, Füße etwa dreißig Zentimeter auseinander, Körper über das Becken gebeugt, und ihr Kopf wippt im Rhythmus des Putzens auf und ab. Das Wippen passen Männer meistens auch noch an die Fließgeschwindigkeit des Wassers an.

Wie gut tut der Rat des weisen Mannes, von dem man sich folgende Geschichte erzählt: Einmal wurde er gefragt, warum er trotz seiner vielen Beschäftigungen und Aufgaben immer so glücklich sein könne. Er sagte: „Wenn ich stehe, dann stehe ich, wenn ich gehe, dann gehe ich, wenn ich sitze, dann sitze ich, wenn ich esse, dann esse ich, wenn ich liebe, dann liebe ich ..." An dieser Stelle fielen ihm die Fragesteller ins Wort und sagten: „Das tun wir auch, aber was machst du darüber hinaus?" Er sagte wiederum: „Wenn ich stehe, dann stehe ich, wenn ich gehe, dann gehe ich, wenn ich ..." Wieder sagten die Leute: „Aber das tun wir doch auch!" Er jedoch sagte zu ihnen: „Nein – wenn ihr sitzt, dann steht ihr schon, wenn ihr steht, dann lauft ihr schon, wenn ihr lauft, dann seid ihr schon am Ziel."

Die Bibel hat ein ganz einfaches Entstressungsangebot, das jedem Simultantentum eine Abfuhr erteilt:

„Ein jegliches hat seine Zeit,
und alles Vorhaben unter dem Himmel hat seine Stunde:
geboren werden hat seine Zeit, sterben hat seine Zeit;
pflanzen hat seine Zeit,
ausreißen, was gepflanzt ist, hat seine Zeit;
töten hat seine Zeit, heilen hat seine Zeit;
abbrechen hat seine Zeit, bauen hat seine Zeit;
weinen hat seine Zeit, lachen hat seine Zeit;
klagen hat seine Zeit, tanzen hat seine Zeit;
Steine wegwerfen hat seine Zeit,
Steine sammeln hat seine Zeit;
herzen hat seine Zeit, aufhören zu herzen hat seine Zeit;
suchen hat seine Zeit, verlieren hat seine Zeit;
behalten hat seine Zeit, wegwerfen hat seine Zeit;
zerreißen hat seine Zeit, zunähen hat seine Zeit;

schweigen hat seine Zeit, reden hat seine Zeit;
lieben hat seine Zeit, hassen hat seine Zeit;
Streit hat seine Zeit, Friede hat seine Zeit."

Alles hat seine Zeit. Alles ist seine Zeit wert! Zeit zu haben, Zeit zu geben, Zeit zu nehmen, Zeit zuzugestehen: das ist die schönste Art, beachtet und wertgeschätzt zu werden. Und letzten Endes auch, ein bisschen gesünder zu bleiben!

Eile mit Weile

Ja, man sagt, er sei ein Narr gewesen. Tatsächlich aber war Till Eulenspiegel seinen Mitmenschen an Weisheit und Witz weit überlegen! Oberflächlich gesehen war er zwar ein Meister der Streiche. Aber dabei griff er meist Redewendungen auf und nahm sie vor allem wörtlich, um damit den Menschen seiner Zeit einen Spiegel vorzuhalten oder auf Missstände hinzuweisen.

Zum Beispiel erzählt man sich, dass Till Eulenspiegel eines Tages mit seinem Bündel Habseligkeiten wieder zu Fuß auf dem Weg in die nächste Stadt unterwegs war. Da überholte ihn plötzlich ein Kutscher mit einer protzigen Kutsche. Man merkte, dass er es sehr eilig hatte, und er schrie Eulenspiegel zu: „Aus dem Weg. Mach Platz, du Habenichts!" Till sprang verwundert und verängstigt an den Wegesrand. Er landete im Matsch.

Da hielt in einiger Entfernung plötzlich die Kutsche an. Der Kutscher sprang herunter. Nicht etwa, um sich bei Till zu entschuldigen. Er brüllte Eulenspiegel an und fragte ungehalten: „Sagt auf der Stelle – wie weit ist es bis zur nächsten Stadt?"

Eulenspiegel antwortete: „Mein Herr, wenn Ihr langsam fahrt, eine halbe Stunde – wenn Ihr schnell fahrt, zwei Stunden!"

Der Kutscher wurde rot vor Zorn, wollte Eulenspiegel schon ohrfeigen. Dann machte er aber doch auf dem Absatz kehrt und fuhr mit seiner Kutsche in einem Affenzahn weiter. Er trieb seine Pferde mit der Peitsche an, sodass Eulenspiegel die Tiere leidtaten.

Till wiederum schwang sein Bündel über die Schulter und wanderte pfeifend weiter. Er sprang über jede Pfütze und wich jedem Schlagloch in der Straße leichtfüßig aus. Eine Stunde später kam er auf dem Weg an einer Kutsche vorbei, die im Straßengraben lag. Die Vorderachse war gebrochen, die Pferde waren auf und davon gerannt. Der Kutscher war offensichtlich unverletzt, kniete neben der Kutsche und fluchte gnadenlos. Als er Till Eulenspiegel sah, fing er noch derber an zu fluchen. Eulenspiegel ging pfeifend an der Kutsche vorbei und bemerkte mit einem Lächeln auf den Lippen zum Kutscher: „Ich habe es Euch doch gesagt: Wenn Ihr langsam fahrt, braucht Ihr eine halbe Stunde in die Stadt – wenn Ihr schnell fahrt, braucht Ihr mindestens zwei Stunden!"

Allen Menschen recht getan,
ist eine Kunst, die niemand kann

Es ist jeden Tag das Gleiche: Wenn ich nach Hause komme, hat sich mein Großer schon den Fußball zurechtgelegt. „Papa, spielen wir Fußball?" Sofort sage ich: „Na klar spielen wir Fußball."

Dann kommt plötzlich der kleine Pascal daher. Mit seinen Playmobil-Autos. „Papa, kannst du mit mir Playmobil spielen?" Und schon bin ich total überfordert: *Wem soll ich's jetzt recht machen? Mein Großer schimpft mit mir, wenn ich nicht mit ihm Fußball spiele. Mein Kleiner ist traurig, wenn ich nicht mit ihm Playmobil spiele.*

Dann kommt meine älteste Tochter daher. Sie möchte, dass ich mit ihr Memory spiele. *Um Himmels willen, was soll ich denn jetzt zuerst tun? Fußball, Playmobil oder Memory spielen?*

Und zu guter Letzt kommt noch die Kleinste, Jeanetta. Sie zeigt mir ihre neue Puppe und will, dass ich ihr die neuen Puppenkleider anziehe.

Und wissen Sie, mit welchem Gefühl ich ins Bett falle: *Oh weh, ich konnte es wieder mal nicht allen recht machen. Ich bin wieder so vielen so viel schuldig geblieben.*

Und dann kommt meine Frau ins Schlafzimmer und sagt zu mir: „Du, lass uns noch zusammen reden." *Oh nein, auch das noch …* Ich bin todmüde, und jetzt will meine Frau noch mit mir reden. Über die Kinder, über den nächsten Urlaub, über das nächste Wochenende, usw.

Sie kennen das vermutlich auch. Ständig dieser Druck, es allen recht machen zu müssen. Ständig sind wir Erwartungen ausgesetzt. Und am Schluss bleiben wir irgendjemand irgendwie irgendetwas schuldig.

Beruhigend, dass es heißt: „Alles hat seine Zeit." Alles zur rechten Zeit. Wir sind nicht dazu geschaffen, alles gleichzeitig machen zu können und machen zu müssen. Vielleicht kommt ja Gelassenheit in unser Tun und Lassen, wenn wir uns daran erinnern, wie viel gute Zeit uns zur Verfügung steht! Wenn ich am Abend die Kinder ins Bett bringe und sie mir stolz erzählen, was sie heute alles erlebt haben, merke ich, wie viel gute Zeit für sie übrig war – auch wenn ich zuvor den Eindruck hatte, nicht genügend Zeit für sie zu haben.

Sinnlose Zeit?

Jetzt war das Maß voll! Randvoll. Ich hatte im Verkehrszentralenregister in Flensburg mehr Punkte, als ich beim Abitur in einer Arbeit je erreicht hatte! (Bitte behalten Sie das für sich, ☺!) Die Folge: Ich sollte zu einem psychologischen Eignungstest. Es stand die Frage im Raum: Bin ich überhaupt geeignet, eine Fahrerlaubnis zu besitzen, oder sollte man sie mir eher entziehen?

So saß ich also ein paar Wochen später auf der Couch beim Verkehrspsychologen. Zu einer dieser Sitzungen musste ich eine Kopie von drei Monaten aus meinem Terminkalender mitbringen.

Seine Analyse traf ins Schwarze: Bei dieser Terminvielfalt musste ich ja ständig unter Druck stehen und von einem Termin zum nächsten rasen. Ohne Rücksicht auf die erlaubte Geschwindigkeit. Ja, das stimmte! Wo er recht hatte, hat er recht.

Da ich vorher schon gehört hatte, diesem Verkehrspsychologen gegenüber solle man immer sehr verständnisvoll reagieren, war ich natürlich einsichtig. Stimmt, zu viel Stress in meinem Kalender!

Sein Tipp: „Bitte planen Sie in Zukunft sinnlose Zeiten ein! Das entspannt Sie und das entzerrt die Situation."

Wow! Mit diesem „sinnlosen Tipp" habe ich gar nicht gerechnet. Sinnlose Zeit. Eine Zeit, die ohne Inhalt ist. Eine Zeit, in der ich mit mir allein sein kann. Ohne Verpflichtung, ohne Druck, ohne Stress. Zunächst empfand ich den Tipp als einfach nur sinnlos. Aber je mehr ich darüber nachdachte, desto mehr Sinn schien er zu machen! Raus aus dem Hamsterrad. Raus aus dem Gejagtwerden. Immerhin bin ich ein freier Mensch und nicht auf der Flucht! Also raus aus der Stressfalle!

Im Kalender steht seitdem immer wieder: SZ – sinnlose Zeit. Das kann sein: ein gutes Essen mit meiner Frau genießen. Ein Spaziergang am Bodenseeufer. Entspannt auf der Couch liegen oder auf der Terrasse im Garten. Einen Krimi schauen. Oder einfach in der Küche sitzen, nix tun und abwarten ... bis die Kinder kommen, um zu kuscheln. Stimmt, den stressfreien Papa scheinen sie noch lieber zu mögen als den gestressten!

Am liebsten allerdings setze ich mich in irgendein Thermalbad, 35 Grad heißes Wasser und nichts tun: einfach vom Wasser getragen werden! Danach kommen dann wieder Termi-

ne, Termine, Termine ... aber ohne davon ge-
jagt zu werden! Alles hat seine Zeit – auch
sinnlose Zeit zum Nichtstun!

Vom Leben
und Sterben

Behaltet aber eure Löffel!

Sie war eine großartige Köchin. Und sie liebte gutes Essen. Wenn sich Gäste bei ihr einfanden, verwandelte sie jedes rohe Stück Fleisch in eine Gaumenfreude. Und erst das Gemüse – ein Traum! Und jedes Dessert: eine Wucht!

Völlig unerwartet traf sie die Diagnose ihres Arztes: eine tödliche Krankheit. Ihr blieben noch maximal fünf Monate. Nach dem ersten Schock begann sie, mithilfe ihrer Kinder die letzten Dinge zu ordnen. Der große Haushalt musste aufgelöst werden. Der Umzug in ein Heim stand bevor. Ihrer besten Freundin teilte sie mit, in welchem Kleid sie beerdigt werden wolle.

Auch den Pfarrer hatte sie gebeten, mit ihr zusammen die Beerdigung durchzusprechen. Sie gab an, welche Lieder gesungen und welche Bibelstellen genannt werden sollten. Welches Thema sie sich für die Predigt wünschte. Auch alle Gebete und Segensworte hatte sie bereits herausgesucht.

Als der Pfarrer dann nach zwei Stunden gehen wollte, wurde sie plötzlich ganz fahrig und nervös. Irgendetwas hatte sie noch auf dem Herzen. Der Geistliche fragte nach und bekam eine überraschende Antwort: „Herr Pfarrer, ich möchte gern mit einem kleinen Löffel in der rechten Hand beerdigt werden."

Das hörte der Pfarrer zum ersten Mal. Er war verwundert und konnte sich keinen Reim darauf machen. Also nahm er noch einmal Platz und hakte nach: „Warum ist Ihnen denn so ein Löffel wichtig? Grabbeigaben gibt es bei uns ja eigentlich nicht."

Da leuchteten die Augen der kranken Dame auf und sie erzählte ihm: „Herr Pfarrer, immer wenn ich Gäste hatte und diese das Essen genossen, sagte ich nach dem Hauptgang zu ihnen: ‚Ich räume jetzt kurz ab. Aber bitte behaltet eure kleinen Löffel! Das Beste kommt erst noch.' Das war für mich immer das Lustigste. Denn jetzt waren alle total gespannt, was noch kommen würde! Und es kam dann ja auch wirklich nur das Feinste. Wenn die Menschen also von mir am offenen Sarg Abschied nehmen und mich mit dem kleinen Löffel in der Hand da liegen sehen, dann sollen Sie ihnen sagen: ‚Behaltet den kleinen Löffel! Das Beste kommt erst noch!'"

Der Pfarrer erhob sich eilends, um seine Tränen zu verbergen, die ihm vor lauter Rührung gekommen waren. Zum Abschied nahm er die Frau in die Arme und sagte zu ihr: „Sie haben recht. Das Beste kommt erst noch!"

Eine Woche später starb sie. Bei ihrer Beerdigung nahmen die Trauergäste am offenen Sarg Abschied und sahen die Verstorbene in ihrem schönsten Kleid, mit ihrer Bibel im Arm und einem kleinen silbernen Löffel in der rechten Hand. Immer wieder wurde die Frage gestellt – leise und mit vorgehaltener Hand: „Was soll denn dieser Löffel in der rechten Hand?"

Und immer wieder lächelte der Pfarrer, blinzelte die Tränen zurück und erzählte den Menschen von dem Gespräch mit der alten Dame. Und natürlich von dem kleinen Löffel und was er der Frau bedeutete. „Wissen Sie, das Beste kommt noch!"

Unausgepackte Geschenke

Ein Mann öffnete im Beisein seines Freundes die Kommodenschublade seiner Ehefrau und holte ein kleines, in wertvolles Seidenpapier eingewickeltes Päckchen heraus. Es war nicht irgendein Päckchen, sondern es enthielt eine wunderschöne Kette. Der Mann warf das Papier weg und betrachtete die schöne Kette nachdenklich.

Dann sagte er zu seinem Freund: „Die kaufte ich, als wir zum ersten Mal in New York waren. Das ist jetzt acht oder neun Jahre her. Sie trug die Kette nie. Sie wollte sie für eine ganz besondere Gelegenheit aufbewahren. Und jetzt, glaube ich, ist der richtige Moment gekommen!"

Er näherte sich dem Bett und legte die Kette zu den anderen Sachen, die für das Bestattungsinstitut bereit lagen. Als er sich zu seinem Freund umdrehte, sagte er: „Bewahre nichts für einen besonderen Anlass auf! Jeder Tag, den du lebst, ist ein besonderer Anlass."

Fiktives Sterbedatum

„Lehre uns bedenken, dass wir sterben müssen." (Psalm 90,12)

Dieses Wort aus der Bibel, bei jeder Beerdigung vom Pfarrer zitiert, hat mich schon oft fragen lassen: Wie geht das? Wie kann man lernen, sterben zu müssen? Was man nicht im Kopf hat, muss da ja irgendwie rein. Deshalb habe ich mir etwas in den Kopf gesetzt: ein bzw. mein fiktives Sterbedatum. Bis dahin lebe ich jeden Tag sehr bewusst, in dem Wissen: Meine Zeit ist begrenzt. Dazu gehört auch, das Leben bis dahin zu genießen. Richtige Prioritäten zu setzen. Sich genau zu überlegen, für was man Zeit verschwendet bzw. sich Zeit nehmen will. Auch immer wieder Abstand zu gewinnen und Dinge loszulassen – denn die Frage stellt sich ja immer wieder: Wie lang soll das noch gehen? Wie lang will ich das noch machen?

Mit einem bewussten „Zeitbudget" kann man sich leichter von verschiedenen Dingen und Projekten, Ideen und Zielen verabschieden. Sterbe ich an diesem fiktiven Tag nicht, ist es Grund genug, danach jeden Tag dankbar anzunehmen und noch bewusster zu leben. Geschenkte Zeit ist kostbare Zeit!

Ehrlich gesagt: Bei meiner Frau und vielen anderen Menschen habe ich Unverständnis für so ein fiktives Sterbedatum geerntet. Trotzdem hat es mir jetzt schon geholfen, das Leben mitten im Leben zu leben, und sich nicht am Ende bedauernd einzugestehen: Wenn ich noch einmal leben könnte, würde ich vieles anders machen.

Mozart und der Tod

Er starb sehr jung: Wolfgang Amadeus Mozart. 35 Jahre alt wurde er. Und bis heute rätselt man über die Todesursache. War es eine Hirnblutung, Fleckfieber, Nierenversagen? Ist er gar vergiftet worden? Man weiß es nicht. Aber man weiß mit ziemlicher Sicherheit: Er hatte immer wieder eine Vorahnung, dass er sterben würde. Und er hatte keine Angst vor dem Tod. Vielmehr hat er sich ausführlich mit dem Tod beschäftigt. Auch in seiner Musik, z. B. in der Fronleichnams-Motette *Ave verum corpus* oder natürlich im *Requiem in d-moll*, welches er aber nicht vollenden konnte. 1786 schrieb Wolfgang Amadeus Mozart, fünf Jahre vor seinem Tod, in einem Brief an seinen Vater:

„Da der Tod als Heimgang zu Gott das Ziel unseres Lebens ist, so habe ich mich mit diesem wahren Freunde des Menschen so bekannt gemacht, dass sein Bild nichts Schreckendes mehr für mich hat, sondern recht viel Beruhigendes und Tröstendes. Und ich danke meinem Gott, dass er mir das Glück gegönnt hat, ihn als Schlüssel unserer wahren Glückseligkeit kennenzulernen. Ich lege mich nie zu

Bette, ohne zu bedenken, dass ich vielleicht den anderen Tag nicht mehr sein werde, und es wird doch kein Mensch sagen können, dass ich im Umgang mürrisch und traurig wäre. Für diese Glückseligkeit danke ich alle Tage meinem Schöpfer und wünsche sie von Herzen jedem Mitmenschen."

Es ist fast unnatürlich, dass es einem Menschen wie Mozart, der als Genießer, Verschwender, Lebemann und Frohnatur galt, gelingt, den Tod so mitten ins Leben integrieren zu können. Aber vielleicht war genau das auch das Geheimnis seines Erfolges: sich jeden Abend damit abfinden zu müssen, dass man am nächsten Tag nicht mehr ist. Das bedeutet auch, den Tag zuvor nicht zu verschwenden, sondern die Zeit sinnvoll und bewusst zu nutzen. Und danach das Tagwerk bewusst abzulegen, als ob es das Letzte war, was man mit seinen Gaben und Talenten ausrichten konnte.

Getragen

Die Nazis hatten dafür gesorgt, dass er seinen Job als Moderator bei der Funk-Stunde Berlin, dem ersten Radiosender Deutschlands, verlor. Als Journalist, Theologe und Schriftsteller war Jochen Klepper dort ein angesehener Mitarbeiter gewesen. Grund für die Hetzjagd des Regimes war seine Ehe: Er hatte 1938 die 13 Jahre ältere jüdische Rechtsanwaltswitwe Johanna Stein geheiratet. Ihre beiden Töchter Brigitte und Renate, die sie mit in die Ehe gebracht hatte, wurden von Klepper väterlich angenommen.

Doch die Beziehungen zu seiner jüdischen Ehefrau und den jüdischen Adoptivtöchtern wurden ihm zum Verhängnis. Immer weiter wurde er ins gesellschaftliche Abseits gedrängt. Immer wieder bekamen sie von Freunden den Rat, als Familie auszuwandern. Aber das kam für Jochen und Johanna nicht infrage. Statt an Flucht zu denken, ließ er sich im Dezember 1940 zum Wehrdienst einberufen. Er wurde in Polen und auf dem Balkan eingesetzt. Vielleicht war diese „Treue zum Vaterland" eine Maßnahme, um seine Frau vor der Deportation zu schützen. Wegen seiner „nichtarischen Ehe" wurde er jedoch bereits im Oktober 1941 als „wehrunwürdig" aus der Wehrmacht entlassen.

Nun war Klepper klar, dass ihm und seiner Familie eine schlimme Zeit bevorstand. Selbst der Reichsinnenminister, Dr. Wilhelm Frick, warnte ihn: „Noch ist Ihre Frau durch die Ehe mit Ihnen geschützt. Aber es laufen Bemühungen, dass es zu einer Zwangsscheidung kommen soll. Danach wird Ihre Frau in jedem Fall deportiert. Das wird sie nicht überleben."

An jedem Tag versuchte Jochen Klepper durch das Lesen der Herrnhuter Losung und das Führen eines ausführlichen Tagebuchs, seinen Glauben zu festigen. Oft lief er ziellos durch Berlin, die Stadt, die er so liebte – viel lag davon schon in Trümmern. Die Menschen, denen er begegnete, waren vom Kriegsgeschehen in Angst und Schrecken versetzt. Auch die Freunde, die ihn immer wieder besuchten, konnten ihn nicht auf andere Gedanken bringen. Jeden Tag nahm seine Schwermut zu, bis er schließlich keinen Ausweg mehr für sich und seine Familie sah.

In der Nacht vom 10. auf den 11. Dezember 1942 nahm sich Familie Klepper durch Schlaftabletten und Gas gemeinsam das Leben. Die letzte Eintragung im Tagebuch Kleppers lau-

tet: „Nachmittags die Verhandlung auf dem Si-
cherheitsdienst. Wir sterben nun – ach, auch
das steht bei Gott –, wir gehen heute Nacht gemeinsam in den Tod. Über uns steht in den
letzten Stunden das Bild des segnenden Christus, der um uns ringt. In dessen Anblick endet
unser Leben."[7]

Über diesen Christus, der um uns ringt,
hatte Klepper im Jahr 1938 ein wunderbares
Lied geschrieben. Inspiriert durch eine Predigt
über Jesaja 46,4: „Auch bis in euer Alter bin ich
derselbe, und ich will euch tragen, bis ihr grau
werdet. Ich habe es getan; ich will heben und
erretten" dichtete er:

Ja, ich will euch tragen bis zum Alter hin.
Und ihr sollt einst sagen, dass ich gnädig bin.
Ihr sollt nicht ergrauen, ohne dass ich's weiß,
müsst dem Vater trauen, Kinder sein als Greis.
Ist mein Wort gegeben, will ich es auch tun,
will euch milde heben: Ihr dürft stille ruhn.
Stets will ich euch tragen recht nach Retterart.
Wer sah mich versagen, wo gebetet ward?
Denkt der vor'gen Zeiten, wie, der Väter Schar
voller Huld zu leiten, ich am Werke war.
Denkt der frühern Jahre, wie auf eurem Pfad

7 Fritz Baltruweit, Der du die Zeit in Händen hast: Begegnung mit
  Jochen Klepper, Lutherisches Verlagshaus, Hannover, 2012, S. 22

euch das Wunderbare immer noch genaht.
Lasst nun euer Fragen, Hilfe ist genug.
Ja, ich will euch tragen, wie ich immer trug.

Gern hätte ich Jochen Klepper gefragt, ob es nicht ein Widerspruch ist, dass er sich selbst das Leben nahm, und doch daran glaubte, auch durch finsterste Zeiten von Gott getragen zu sein. Diesen Widerspruch wird er nur selbst auflösen können. Ich persönlich glaube daran: Christen sind von Gott Getragene – in den schwersten Stunden des Lebens und des Sterbens.

Trauer überwinden

Er hatte es weit gebracht. Mit seiner Schafzucht zählte er zu den reichsten und einflussreichsten Bauern der Region. Er besaß einen großen Hof, moderne Maschinen und imposante Ställe. Alles vom Feinsten. Seine ganze Familie half mit. Doch großes Leid kam über die Familie, als zunächst seine Frau an einer unheilbaren Krankheit starb und darauf zwei der drei Kinder. Das älteste Kind verließ den Vater und wanderte vor Verzweiflung in ein anderes Land aus.

Der Vater war nun mit seinem Hof und allen Tieren ganz auf sich allein gestellt. Er ertrug die Einsamkeit kaum und verlor Tag für Tag mehr von seinem ursprünglichen Lebensmut. Da fasste er den Entschluss, Haus und Hof zu verlassen und sich mit einem kleinen Teil der Schafe in die Cevennen zurückziehen.

Er suchte sich den verlassensten Ort der Cevennen, wo nur verfallene Dörfer zu finden waren und man weit und breit keine Menschen mehr antraf. Es schien unmöglich, hier Ackerbau und Viehzucht zu betreiben. Trotzdem ließ er sich an diesem Ort nieder. Doch er merkte schnell, dass seine Schafe zu wenig zu fressen fanden und kränklich wurden. Also sagte er sich: *In dieser trostlosen Gegend werden wir alle sterben, wenn hier nicht wieder Bäume wachsen.*

So beschaffte er sich Eicheln. Die guten legte er in einen Eimer voll Wasser, damit sie sich damit vollsaugten. Dann machte er sich mit seinen Schafen auf Wanderschaft und pflanzte die Eicheln überall ein, wo er hinkam. Er drückte sie mit seinem Hirtenstab tief in die Erde. Nach drei Jahren hat er über hunderttausend Eicheln im Boden versenkt. *Wenn nur zehn Prozent davon aufgehen und zu Bäumen werden*, dachte er sich. Den Rest seiner Lebenszeit verbrachte er mit Warten. Warten, dass aus dem Boden junge Triebe wuchsen, die einmal zu Bäumen werden würden.

1947 starb er schließlich im Alter von 89 Jahren. Was hat sein Tun gebracht? Inzwischen gibt es dort in den Cevennen die schönsten Wälder Frankreichs. Drei Wälder von 11 km Länge und 3 km Breite. Die Wurzeln halten das Wasser, die Bäche fließen wieder. Es gibt genügend gute Weiden für die Tiere. Auch die Vögel sind zurückgekehrt, ebenso wie die Menschen. Allerdings: An den armen, alten Bauern, der die vielen Eicheln pflanzte, denkt kaum einer mehr.

Der Koffer für die letzte Reise

Der Hospizverein in Wilhelmsdorf hatte mich eingeladen, für eine Ausstellung unter dem Titel „Die letzte Reise" meinen Koffer zu packen. Nicht irgendeinen Koffer, sondern den Koffer, den ich mitnehmen würde auf meine letzte Reise, sprich die Reise vom Leben zum Tod.

Ich bin ein Mensch, der gern verreist, und deshalb auch gern Koffer packt. Aber den Koffer für die letzte Reise zu packen, war wirklich keine einfache Geschichte. Es hat mich letztlich sehr viel Zeit gekostet.

Was habe ich alles in meinen Koffer gepackt? Nun, das Wichtigste zuerst: Ich habe meinen Ehering in den Koffer gelegt. Warum? Ich möchte gern, dass meine Frau und ich bis zum Schluss den Weg gemeinsam gehen. So wie damals im Trauversprechen zugesagt: bis dass der Tod uns scheidet.

Als Zweites habe ich ein Bild von meinen vier Kindern in den Koffer gepackt. Ich wünsche mir nichts mehr, als dass mich meine Kinder alle überleben. Es wäre für mich wohl das Schwerste, was geschehen könnte, wenn mich eines unserer Kinder nicht überlebt, sprich, ich eines von den Vieren begraben müsste, weil wir es verlieren.

Als Drittes habe ich meine Bibel in den Koffer gelegt. Sie sieht sehr vermalt aus, mit allen möglichen Farben. Alle mir sehr wichtig gewordenen Sätze in meiner Bibel habe ich irgendwie farbig markiert. Ich würde sie mit auf die letzte Reise nehmen, weil ich mir erhoffe, dass am Ende alle Fragen, alle Zweifel von Gott höchstpersönlich aufgeklärt werden. Ich möchte endlich wissen, ob das, worauf ich meine ganze Hoffnung gesetzt habe – als Pfarrer sogar meine ganze berufliche Existenz –, wahr ist, oder eine gigantische menschliche Idee, an der letzten Endes doch nichts dran ist. Ich hoffe, dass das ein für alle Mal geklärt wird am Ende der letzten Reise.

Anschließend habe ich eine Gitarre in meinen Koffer gelegt, weil mir die Musik sehr viel bedeutet. Und weil ich hoffe, dass mich die Musik auch auf der letzten Reise begleitet. Dass die Menschen, die mit mir gehen, auf dem letzten Abschnitt irgendeinen musikalischen Akzent setzen können.

Und als Letztes habe ich zwei Steine in den Koffer gelegt. Als Symbol für all das, was ich so an Lasten und Beschwerlichem mit mir durchs Leben trage. Auf der letzten Reise hoffe ich, all das ablegen zu können. Getrost loslassen zu können, nichts mehr krampfhaft festhalten zu müssen, um wirklich zwei Hände freizuhaben für das Neue, das kommen wird.

Steve Jobs, der Gründer des Computerunternehmens Apple, hat in der Auseinandersetzung mit seinem Sterben gesagt: „Der Tod ist die beste Erfindung des Lebens. Er hilft zu entrümpeln."

Darf ich Sie fragen, was Sie in Ihren Koffer packen würden?

Keine Angst vor dem Untergang!

Vor rund 100 Jahren befand sich Pater Josef Peruschitz, ein 41-jähriger Benediktinerpater aus dem bayrischen Kloster Scheyern, an Bord der *Titanic*. Er wollte als Passagier nach Minnesota reisen, um dort ein katholisches Gymnasium zu gründen.

Als in der Nacht zum 15. April das Riesenschiff den Eisberg rammte, der Untergang begann und der Kampf um die Rettungsboote ausbrach, bekam Pater Peruschitz von Matrosen einen freien Platz angeboten. Doch er lehnte das Angebot ab. Er verzichtete auf seine eigene Rettung, um seinen Platz einem Mitreisenden zu überlassen und anderen Menschen beizustehen.

Augenzeugen, die gerettet wurden, berichteten, wie dieser Geistliche mit den verzweifelten Menschen betete, sie zu trösten versuchte, ihnen die Beichte abnahm und sie segnete. Er hatte keine Angst vor dem eigenen Ertrinken. Er wusste, der Tod als finstere, gewaltige Macht hat keine Macht mehr über ihn. Als Getaufter war er eine neue Kreatur in Christus, die Gott durch das Leben und durch den Tod hindurch trägt und in ein neues, ewiges Leben führt.

Er verlor mit vielen anderen sein Leben auf der *Titanic*. Eine unauffällige Gedenktafel erinnert bis heute im Kloster Scheyern an den gottesfürchtigen, selbstlosen Christen.

Bilanz mit 80 Jahren

Es gibt interessante Zahlen, Daten und Fakten über unser Leben: Ein Baby legt pro Tag bis zu 200 Meter krabbelnd zurück. Während unseres Lebens gehen wir durchschnittlich 22.000 Kilometer zu Fuß. Und würden wir unsere Fingernägel niemals schneiden, hätten wir mit 80 Jahren 28 Meter lange Fingernägel!

Ein Mensch verdaut im Laufe seines Lebens durchschnittlich 30 Tonnen Nahrung, produziert 40.000 Liter Urin und verbringt insgesamt über neun Monate auf der Toilette. Zwei Wochen seines Lebens verbringt er mit Küssen, dreieinhalb Jahre mit Essen und zwölf Jahre mit Reden – das ist die durchschnittliche Bilanz mit 80 Jahren.

Zahlen, Daten, Fakten, die uns durchs Leben jagen lassen – damit wir nur nichts verpassen. Das Problem: Wer ständig durchs Leben jagt, dem geht bald die Puste aus.

In Jesaja 40,30-31 heißt es: „Männer werden müde und matt, und Jünglinge straucheln und fallen; aber die auf den Herrn harren, kriegen neue Kraft, dass sie auffahren mit Flügeln wie Adler, dass sie laufen und nicht matt werden, dass sie wandeln und nicht müde werden."

Das hebräische Wort für „müde werden"
meint: zu schnell gelaufen zu sein, so wie ein
Hund, dem am Schluss die Zunge aus dem
Maul hängt. Warum hetzen wir durch das Leben? Warum lassen wir uns jagen?

Auch wenn es viel zu bewältigen gibt, lädt
die Bibel ein zum „Lebenswandel": Wer Gottvertrauen hat, der wandelt durch das Leben
und wird dabei nicht müde. Wandeln meint
das geruhsame, gelassene, überlegte Gehen.
Ich erinnere mich, dass wir in der Ausbildung
zum Pfarrer sogar „Gehübungen" gemacht haben. Ruhiges, gelassenes „Schreiten" – zum
Beispiel beim Einzug in die Kirche. Sogar das
„Wandeln" haben wir geübt! In der Tat: Wandeln braucht Übung. Eventuell haben Sie kurz
Zeit, mit mir diesen ruhigen Schritt zu üben?

Lebenshilfe statt Sterbehilfe

Der große Rhetoriker und Vordenker Walter Jens war an seinem Lebensende in einem erbärmlichen Zustand. Demenzkrank. Dabei war für ihn ein Leben ohne intellektuellen Austausch immer unvorstellbar gewesen.

Der ehemalige Vorkämpfer für die aktive Sterbehilfe bat vor seinem Tod seine ihn pflegende Frau: „Nicht totmachen. Bitte nicht totmachen."

Auch schwer demenzkrank war dieser große alte Mann immer noch voller Lebenswillen. „Und", so sagt seine Frau weiter, „er möchte von mir keine Sterbehilfe, sondern Lebenshilfe."

Von Pfarrern
und ihren Schäfchen

Früh übt sich

Ich hatte es mir schon sehr früh in den Kopf gesetzt: Ich wollte einmal Pfarrer werden!

Mit vier Jahren hielt ich meine ersten Predigten. Das war ganz simpel: Zuerst musste der Gottesdienstraum hergerichtet werden. Dazu war mit dem kleinen Bruder schnell ein alter Umzugskarton aufgestellt, der als Kanzel diente.

Die Gemeinde? Auch kein Problem. Die 34 Kuscheltiere, die sich in den frühkindlichen Jahren angesammelt hatten, nahmen in den ersten Reihen vor der Kanzel auf dem Boden Platz. Alle waren da; unter anderem Edda, die blonde Puppe mit nur noch einem Auge. Schlamper, das 1,50 m große schlaksige Mischwesen aus Hund, Bär, Katze mit den langen Armen, den noch längeren Füßen und den großen Hängeohren. Auch der alte Brummbär „Bär", der nicht sitzen konnte oder wollte, ständig umfiel und dabei „bäriges Brummen" ausstieß. Und was wäre ein Gottesdienst ohne Kirchenmusik? Mein Bruder hatte die Lösung: Er klemmte sich das alte Akkordeon von Mutter unter die Knie und spielte auf der Tastatur stumm, aber gewaltig die schönsten Choräle.

Was ich genau predigte, weiß ich nicht mehr. Jedenfalls muss es spannend gewesen sein – die Kuscheltiergemeinde hörte aufmerksam zu! Selbst nach dem Gottesdienst blieben sie wie fasziniert auf ihren Plätzen sitzen. Keiner wollte gehen. Und so saßen sie auch am nächsten Tag wieder unter der Kanzel.

Ehrlich gesagt: Bekehrt hat sich keiner von ihnen. Aber sei's drum: Wer weiß, was alles hängen blieb und wer von diesen Lieblingskuscheltieren dann doch letzten Endes in den Himmel kommt! Wir werden sehen. Feststeht: Früh übt sich! Und ich persönlich kann sagen: Von nix kommt nix. Träume nicht dein Leben, sondern lebe deine Träume!

Herr Pfarrer, so hemdsärmelig predigen gehört sich nicht!

Der Dienstantritt in meiner neuen Gemeinde fiel auf einen hochsommerlichen Sonntag mit hochsommerlichen Temperaturen. Auf den Talar verzichtete ich also, und ein langärmliges Hemd mit Krawatte schien mir auch unangebracht. Ich bat die Gemeinde, dass ich im kurzärmligen weißen Hemd, frisch gestärkt und gebügelt, predigen dürfte. Das allgemeine Kopfnicken konnte ich als wohlwollende Bestätigung verstehen.

Aber ich hatte nicht alle richtig verstanden. Direkt am Montag nach diesem – für mich ersten – Gottesdienst in der neuen Gemeinde erreichte mich ein Brief.

„Sehr geehrter Herr Pfarrer, dass Sie es wagen und mit Ihrem Gewissen vereinbaren können, vor Gott und seiner heiligen Gemeinde so hemdsärmelig zu predigen, enttäuscht mich sehr. Können Sie sich keinen richtigen Anzug leisten und ein anständiges, langärmeliges, weißes Hemd mit Krawatte? Bitte predigen Sie in Zukunft nicht mehr in so einem kurzen weißen Hemd! Das gehört sich nicht!"

Gott sei Dank war es kein anonymer Brief, wie mich in der Folgezeit auch viele von anderen Gemeindegliedern erreichten. So rief ich bei besagter Schwester an (sie war tatsächlich Schwester), entschuldigte mich und bat um ein Gespräch. Bei diesem Treffen erzählte sie mir von ihrer Prägung, von ihrem Leben, von mancherlei geplatzten Träumen und vielen Kompromissen. Die Tasse Kaffee tat gut. Das Gespräch auch. Seitdem hat sie mir meine Kleiderunordnung vergeben und vergessen und ich durfte sogar wieder „leichtbekleidet" auf die Kanzel. Diesen und viele, viele weitere Briefe habe ich im Laufe der Zeit in einem Buch gesammelt. Ich nenne es: mein Lastenbuch. Es ist in der Zwischenzeit ein unübersehbar dicker Wälzer im Bücherregal geworden. Vieles, was beim ersten Lesen schwer verständlich und belastend wirkte, liest sich heute leicht und löst ein Lächeln aus! Es macht auch stark und resistent gegenüber weiteren Briefen, die in Zukunft anonym oder unterschrieben kommen werden. Vielleicht haben Sie Lust, auch so ein Lastenbuch anzufangen. Und dann erleben Sie mit mir das kleine Wunder, wie sich manche Unerträglichkeiten nach langer Zeit anfühlen: wortwörtlich ent-frustet. Ent-schuldigt. Ent-sorgt. Ent-täuscht. Ent-waffnet!

Zeitung, Handtuch, Bibel

Auf den Philippinen ist es üblich, einem Mitarbeiter drei Geschenke zu überreichen, wenn er oder sie eine neue Aufgabe in Kirche und Diakonie übernimmt.

Als erstes: eine lokale Tageszeitung. Sie ist Symbol dafür, dass in der Begegnung mit Menschen jeden Tag neu elementar zu lernen ist, die Situation ehrlich zu sehen, den Alltag aufrichtig und aufmerksam wahrzunehmen und Nachrichten kritisch zu hinterfragen.

Als zweites: eine Bibel in einer Sprache, die die Menschen verstehen. In der Begegnung mit Gott lässt sich miteinander die „Bibel teilen" und der gemeinsame Horizont des Glaubens erweitern, lassen sich „freimütig" Maßstäbe suchen und finden, wie die Welt achtsam zu verstehen und zu beurteilen ist.

Als drittes: ein Handtuch, um den Schweiß abzuwischen oder die Tränen zu trocknen. In der Begegnung mit Gott und den Menschen ist auch das Handeln nicht zu vergessen, wo und wann es „not-wendig" ist, sich die Hände schmutzig zu machen und anderen die Füße zu waschen und – gelegentlich – sich auch selbst den Kopf waschen zu lassen.

Jetzt grüß mich doch endlich!

Das Erste, was mir in meiner Gemeinde in Wilhelmsdorf beigebracht wurde, war: unbedingt die Leute grüßen, an denen man vorbeiläuft! Ich wusste zu jenem Zeitpunkt noch nicht genau, was es damit auf sich hatte … es erschien mir selbstverständlich. In allen diakonischen Einrichtungen in Wilhelmsdorf bieten wir Raum für Hilfesuchende und begegnen den Menschen mit Würde und Interesse – egal, ob es alte Menschen, Menschen mit Behinderung oder suchtkranke Menschen sind.

Einige Jahre später hatte ich eine Besuchergruppe zu Gast. Sie wollten alles über Wilhelmsdorf wissen, und so machte ich mit ihnen einen „Psalmenspaziergang". Viele Gebäude im Ort sind nach den Eingangsworten von Psalm 18 benannt: Haus Fels, Haus Burg, Haus Schild, Haus Berg, usw. Eindrucksvoll für Besucher und Bewohner. Alles sehr christlich und fromm – selbst an den Fassaden erkennt man's! Wir wandelten also mit Respekt und Ehrfurcht auf den Pfaden der Väter, die unsere Dorfatmosphäre bis heute prägen.

Bei unserem Rundgang kam uns auf der gegenüberliegenden Straßenseite ein Mann entgegen. Er gehört bis heute zum „Stadtbild"– ein ehemaliger Patient, der bei uns eine Alkoholtherapie gemacht hat. Ich kannte ihn von seiner Zeit in der Klinik. Nach der Therapie blieb er bei uns in Wilhelmsdorf und fing dort ein neues Leben an. Ich schaute also zu ihm hinüber und wurde im gleichen Moment von einem meiner Gäste etwas gefragt. Ich versuchte, zu antworten. Da schrie der Mann vom anderen Gehsteig herüber: „Jetzt grüß mich doch endlich!", und lief weiter. Hatte aber die Blicke und die Aufmerksamkeit meiner Gruppe und mir wachgerufen. Noch einmal drehte er sich um und schrie: „Wenigstens grüßen könntest du mich!"

Seitdem grüße ich jeden: per Handzeichen, per Grußwort, … egal, ob ich den Begrüßten kenne oder nicht. So etwas will ich mir nicht noch einmal anhören müssen! Jetzt wusste ich auch, was es mit der Belehrung am Anfang meiner Dienstzeit auf sich hatte.

Und wie recht hatte der Mann auf der gegenüberliegenden Straßenseite. Der Philosoph Odo Marquard sagt treffend, was unser Dasein ausmacht: „Wir müssen in jedem Augenblick zeigen, dass wir es verdienen, da zu sein, beachtet, angesprochen, gegrüßt, geehrt oder zumindest des Widerspruchs gewürdigt zu werden."[8] Ja, auch dieser ehemalige Patient von uns im Besonderen hat ein Recht darauf und ist es absolut wert, da zu sein, beachtet, gegrüßt, geehrt zu werden!

---

[8] Oswald Bayer, Aus Glauben Leben: über Rechtfertigung und Heiligung, Calwer Verlag, Stuttgart, 1990, S. 21f.

Versteckspiel

Wieder einmal sind wir bei uns zu Hause im Garten. Dominik spielt mit seiner Schwester Rebecca Verstecken. Und das läuft so ab: Rebecca versucht, mit ihren fünf Jahren bis 30 zu zählen! Dominik – immerhin ein Jahr älter als seine Schwester – hat derweil einige Zeit, sich irgendwo im Garten zu verstecken. „27, 28, 29, 30 – ich komme!"

Das Herz von Dominik schlägt gespannt: Findet Rebecca sein Versteck? Er wartet und wartet und wartet. Und er freut sich, dass es so lange dauert. Das heißt doch schließlich: Er hat ein gutes Versteck gefunden, das nicht leicht zu finden ist.

Was er nicht weiß: Rebecca hat sich entschieden, Trampolin zu springen. Sie sucht ihn gar nicht mehr! Nach zehn Minuten kommt Dominik aus seinem Versteck gekrochen und sieht Rebecca auf dem Trampolin. Er kommt zu Mama und Papa, die auf der Terrasse sitzen, und weint sich bitterlich aus: „Papa, Papa, Rebecca sucht mich gar nicht!"

Was für eine tiefe Traurigkeit. Fast könnte ich anfangen, mit ihm zu weinen. So leid tut er mir. Was für eine Lebenserfahrung in so jungen Jahren: Man versteckt sich so oft als Mensch und vor Menschen ... und dann wartet man darauf, dass man wieder gefunden wird. Aber keiner sucht uns. Keiner scheint sich für uns zu interessieren.

Gott bleibt auf der Suche nach uns. Egal, wo und wieso und vor wem wir uns versteckt haben. Und er sucht uns so lange, bis er uns gefunden hat. Erst dann ist Gott ein glücklicher Gott!

Eberhard Jüngel drückt es so aus:
Gott ist ein fleißiger Sucher.
Er findet uns an allen möglichen
und unmöglichen Orten.
Er begibt sich auch in die unmöglichste Gesellschaft,
um uns wieder zu finden.
Er freut sich allemal,
wenn er einen verlorenen Menschen gefunden hat.
Ja, Gott freut sich auch dann,
wenn er uns in der fatalsten Situation wieder findet.
Es braucht sich niemand davor zu genieren,
von Gott gefunden zu werden.
Gott ist allemal ein glücklicher Finder.
Glücklich über jeden Menschen, der sich finden lässt.

Zerrissenheit

Man erzählt sich bei uns in Wilhelmsdorf folgende Begebenheit: Es war ein Sonntagmorgen und die Menschen feierten einen Gottesdienst für Menschen mit und ohne Behinderung. Doch während Gebet, Schriftlesung, Stille und Predigt hört man immer wieder ein merkwürdiges Geräusch: als ob da jemand eine Zeitung zerreißt. Die Anwesenden entdecken schnell: Es ist Frank. Ein junger Mann mit Downsyndrom. Er kann nicht sprechen. Zerreißt aber während des ganzen Gottesdienstes eine Tageszeitung in kleine Schnipsel.

Der Gottesdienst geht zu Ende. Der Pfarrer setzt sich noch mit der Gruppe von Frank zusammen und will herausfinden, warum dieser die Zeitung zerrissen hat. Mühsam findet man heraus: So fühlte sich Frank. Zerrissen. Hin- und hergerissen.

Maria, die auch zu seiner Gruppe gehört, auch das Downsyndrom hat und nicht reden kann, tut spontan Folgendes: Sie sammelt die zerrissenen Stücke ein und legt mitten auf dem Boden ein Kreuz damit. Ein Kreuz aus Zerrissenem.

Kierkegaard sagt einmal: „Die menschliche Existenz ist gekennzeichnet durch ein Wechselspiel von Glauben und Verzweiflung. Nur das Aushalten dieser Zerrissenheit bietet dem Menschen die Möglichkeit, zu erfahren, dass das Zeitlose in der Zeit enthalten ist und deshalb jederzeit der Sprung aus der Verzweiflung in den Glauben möglich ist."

Ein lieber Gruß an Frank! Danke für deinen Mut, deine Zerrissenheit in den Gottesdienst einzubringen. Und danke an Maria: Das Kreuz aus Zerrissenem ist eine hervorragende Idee!

Geiselnahme auf der Kanzel

Ich war dankbar, ihn als Gast für unseren Fernsehgottesdienst „Stunde des Höchsten" gewonnen zu haben. Er hatte wahrhaft viel erlebt und viel zu erzählen. Der junge Mann aus Afrika war alkohol- und drogenabhängig gewesen, hatte bei uns in der Suchthilfe eine Therapie gemacht und fand durch einen Alpha-Kurs in der Gemeinde zum Glauben. Als krönenden Abschluss ließ er sich von mir im nahe gelegenen Badesee taufen. Über all das wollten wir im Fernsehgottesdienst reden – und das haben wir auch gemacht.

Ein paar Wochen nach der Ausstrahlung erreichte mich die Nachricht, dass mein afrikanischer Freund wieder rückfällig geworden war. In der Tat bekam er dann wohl auch massive Angst: dass man ihn als ehemaligen Moslem in Deutschland wegen seiner Taufe und des Übertritts zur christlichen Kirche verfolgen würde. Er bat uns, die Sendung nicht mehr auszustrahlen, und auch alles aus dem Internet zu entfernen, was über ihn zu finden war. Mein Team und ich bemühten uns redlich. Aber: Was einmal im Netz ist, ist wohl für immer drin ... auch spurenweise.

Wieder ein paar Wochen später leitete ich den Gottesdienst in meiner Gemeinde. Die Predigt handelte davon, Masken abzulegen, die wir tragen, und von der Möglichkeit, ein neuer Mensch zu werden, so wie ihn Gott geschaffen hat. Es zeichnete sich bereits ab: Der Gottesdienst würde eine Viertelstunde früher zu Ende sein als üblich. Ich überlegte während der Abkündigungen, wie man noch etwas Zeit hinzufügen könnte ... ein zusätzliches Lied vielleicht?

Da ging plötzlich die Kirchentür auf und ein vermummter Mann stürmte herein. Die eine Hand hatte er in der inneren Brusttasche der Jacke verborgen, als hielte er dort etwas versteckt. Es war unser ehemaliger Fernsehgast. Er stürmte zu mir nach vorn – ich stand vor ca. 300 Gottesdienstbesuchern am Altar. Dort angekommen schrie er mich an. Beschimpfte mich. Ich hätte sein Leben zerstört und dafür wolle er sich nun rächen. Er habe eine Pistole in der Tasche und ich solle mich ja nicht bewegen, sonst würde er schießen.

Die Gemeinde war in Schockstarre. Ich hatte keine Ahnung, was ich tun sollte. Überlegte in dem Moment nur, wie ich mich hinstellen musste, damit er mich nicht so frontal traf, wenn er tatsächlich schoss. Nach drei sehr langen Minuten, in denen ich versuchte, ihn zu beruhigen, zog er schließlich die versteckte Hand aus der Jackentasche und holte seine Bibel hervor.

„Das ist meine Waffe, und damit mach ich dich fertig!"

In der Zwischenzeit hatten sich einige mutige Männer aus der Gemeinde an ihn herangeschlichen, nahmen ihn fest und führten ihn ab nach draußen. Er war sturzbetrunken.

In den nachfolgenden Wochen und Monaten war es für mich und meine Familie nicht einfach, angstfrei zu leben. Nach ca. einem halben Jahr bat mein afrikanischer Freund über seinen Seelsorger und Therapeuten um ein Gespräch. Er wollte um Vergebung bitten. Ich willigte ein; mir war jedoch nicht klar, dass es so schwer werden würde, zu diesem Gespräch zu gehen. *Was, wenn er wieder Rachegedanken hat?*, dachte ich angstvoll.

Das Gespräch lief schließlich unter acht Augen ab. Beruhigend. Und wir schlossen Frieden. Ich habe ihm vergeben. Und ihm Vergebung zugesprochen. Es hat lang gedauert, bis ich wieder angstfrei predigen konnte. Aber es bleibt eine großartige Frucht von Vergebung, dass sie heilt und Vergangenes wie ungeschehen machen kann.

Papa, du hättest es mir verbieten müssen!

Es war ein Schnäppchen. Bei einem großen Baumarkt hatte ich einen Rasenmäher gekauft. Und dazu bekam ich eine elektrische Gartenschere gratis! Das war doch was! Ein paar Tage später kam das Teil mit der Post. Es war zwischen zwei Urlauben, das Gras war hoch. Während meine Frau die Koffer erst aus- und dann für die Reise nach Italien am nächsten Morgen neu packte, gingen mein Sohn Dominik und ich in den Garten, um ihn vorher noch auf Vordermann zu bringen.

Ich schnappte mir den Rasenmäher und er sich die neue Gartenschere, denn er wollte sich das Unkraut vornehmen. Bevor er loslegte, erklärte ich ihm noch genau, wie er mit diesem kleinen Technikwunder umgehen müsse. Er konnte es kaum erwarten, bis er endlich damit hantieren konnte.

Und dann ging es los. Ich warf den Rasenmäher an und mähte fleißig und unbekümmert vor mich hin – stolz darauf, wie schön der gemähte Rasen glänzte. Doch es waren keine zehn Minuten vergangen, da schrie Dominik vom Sandkasten her aus Leibeskräften nach mir. Ich würgte den Rasenmäher ab und hatte schon die schlimmsten Befürchtungen: der kleine Finger von Dominik – irgendwo abgeschnitten im Sandkasten.

Ganz so schlimm war es dann Gott sei Dank nicht. Aber er hatte sich tatsächlich tief in den Finger geschnitten. Und überall war Blut – an der Hand, auf der Hose, im Gesicht, wo er sich die Tränen abwischte, die nicht enden wollten. Ich versuchte die Wunde abzubinden, Mutter kam zur Hilfe, wir verarzteten ihn gemeinsam. Aber es tat weh ... so schrecklich weh! So war klar: Wir mussten mit ihm zum Notarzt. Ich sah den Urlaub schon entschwinden.

Auf dem Weg vom Garten zum Auto weinte Dominik und schrie vor Schmerzen. Aber er brüllte mich auch an – und seine Worte werde ich nie vergessen: „Papa, Papa, ... warum hast du mir nicht verboten, mit der elektrischen Schere zu arbeiten?! Du hättest es mir verbieten müssen. Du hättest es mir verbiiiiiieeeeten müssen! Ich bin doch noch ein Kind!"

Na toll! Natürlich hätte ich es verbieten müssen. Wohl wissend, dass das ein großer Kampf gewesen wäre. Er hatte sich doch selbst so wahnsinnig für die Schere interessiert. Er wollte doch immer das Unkraut trimmen. Seine Neugierde war doch kaum zu bändigen. Außerdem war er doch schon neun Jahre alt. Aber er hatte recht: Ich hätte es ihm verbieten müssen!

Nun – die Gummibärchen von der Schwester in der Notaufnahme haben ihm dann geholfen, den schlimmsten Schmerz zu verwinden. Was habe ich doch für ein schlaues Kind! Danach versuchte ich tatsächlich, ihm den Umgang mit elektrischen Gartengeräten immer wieder zu verbieten. Die meisten Versuche waren umsonst. Gott sei Dank ist seitdem nichts mehr passiert.

Übrigens sind wir natürlich dann doch in den Urlaub gefahren. Da konnte ich mir dann bei einigen Strandspaziergängen noch ein paar Gedanken machen: Warum verbietet uns Gott nicht alles? Warum lässt er seinen Kindern so viele Freiheiten? Und warum fällt es uns dann doch so schwer, manche klaren Verbote einzuhalten, sodass wir uns erst eine blutige Nase holen müssen, bevor wir als Kinder Gottes kapieren ...?

Die Erbschaft

Onkel Mason hatte ein schwaches Herz und der Arzt hatte ihn ermahnt, sehr vorsichtig zu sein. Mit seinen achtzig Jahren solle er es allmählich etwas ruhiger angehen lassen, lautete der Rat des Mediziners.

Als daher die Familie erfuhr, dass ausgerechnet Onkel Mason von einem entfernten verstorbenen Verwandten eine Million Dollar geerbt hatte, zögerte man, ihm die Nachricht zu überbringen, aus Angst, er könnte dadurch einen Herzanfall bekommen.

Man wandte sich Hilfe suchend an den örtlichen Pastor, Father Gregory, der versicherte, er würde einen Weg finden.

Bei seinem nächsten Besuch bei dem betagten Onkel fragte er irgendwann im Laufe des Gesprächs: „Mason, wenn Gott Ihnen in seiner Gnade eine Million Dollar zukommen ließe, was würden Sie damit anfangen?"

Der Mann mit dem schwachen Herzen dachte einen Augenblick nach und sagte dann mit fester Stimme: „Ich würde Ihnen die Hälfte für Ihre Kirche geben, Father."

Als Father Gregory das hörte, bekam er einen Herzanfall.

Gute Predigt, schlechte Predigt

Er war ein gestandener Mann mit einer großen Raumausstatter-Firma. Und seit ich in seiner Stadt als Vikar war, kam er auch fast jeden Sonntag in die Kirche. Er konnte mich gut leiden und hatte eine Vorliebe für meine Predigten. Und er hatte einen besonderen Tick – seine ganz eigene Art, die Predigten zu beurteilen!

Nach den Gottesdiensten stand ich immer an der Eingangstür und verabschiedete jeden einzelnen Besucher mit Handschlag und einem kurzen Segensgruß. Wenn er kam, nahm er meine Hand, zog sie zu sich, öffnete seine Hand darüber und legte in die Meinige ein Werther's Sahnebonbon – für eine gute Predigt. Oder aber er legte zwei hinein – zwei Sahnebonbons für eine besonders gute Predigt. Ab und zu schüttelte er mir nur die Hand, bedankte sich für den Gottesdienst und ich musste mir meine Werther's unter der Woche irgendwo selbst kaufen. Das war das Zeichen: Mit dieser Predigt konnte ich nichts anfangen. Die können Sie gern noch einmal überarbeiten!

In einer anderen Gemeinde, in der ich später Pfarrer war, erzählte ich von diesen Predigt-Bewertungs-Bonbons. Wieder war es ein angesehener und gestandener Mann, seines Zeichens Bauunternehmer, der mir dann immer am Samstag auf dem Wertstoffhof, den er betreute, Sahnebonbons in die Hand drückte: eins für eine gute Predigt, zwei für eine sehr gute Predigt, keins für eine schlechte Predigt.

So versüßten die beiden Unvergesslichen mir die Verkündigung und ich konnte in die allgemeinen „Auf-meine-Predigt-reagieren-die-Leute-meistens-nicht"-Beschwerden meiner Kollegen nicht mehr mit einstimmen.

Strippenzieher

Ich liebe es – und es ist wohl auch zu meinem Markenzeichen geworden – Predigten nicht nur mündlich vorzutragen, also zu reden, sondern dazwischen immer wieder selbst komponierte Songs zu singen. Musikpredigten nennt man das.

Als neuer Pfarrer in der Gemeinde war ich an der Reihe, den Altjahresgottesdienst zu gestalten. Die Kirche war mit über 500 Gläubigen und Weniger-Gläubigen gerammelt voll. Ich war umso aufgeregter, als ich für diesen Gottesdienst und in dieser Gemeinde zum ersten Mal eine Musikpredigt zum Jahresabschluss geschrieben hatte. Darin enthalten: Drei nagelneue Songs, die ich vorher noch nie öffentlich vorgetragen hatte – das steigerte die Aufregung dann ins Unermessliche.

Vor dem Gottesdienst hatte ich die Anlage aufgebaut, das Klavier getestet, die Powerpoint-Präsentation eingerichtet und den Soundcheck gemacht. Der Abend konnte kommen. Um 20 Uhr begann dann der Gottesdienst. Was für eine Menschenmenge. Wie viele aufmerksame Gesichter, manche auch gespannt, gelangweilt, freundlich, mürrisch …

Dann begann die Predigt. Mensch, war ich aufgeregt! Beim ersten Lied, das ich mit Leidenschaft und sehr in mich versunken vortrug, schüttelte ein Mann heftig den Kopf, tuschelte zuerst und rief dann nach dem Lied – als ich gerade die Predigt fortsetzen wollte – lautstark: „Viel zu laut! Bitte leiser!"

Ehrlich gesagt wollte ich in dem Moment nur noch nach Hause! Aber gut, ich riss mich am Riemen, zog die Regler runter und predigte mutig weiter. Dann das zweite Lied. Wieder voller Inbrunst und Enthusiasmus. Noch während des Refrains erhob sich der Mann, dem es zu laut war, zwängte sich aus der Kirchenbank, lief nach vorn und zog das Lautsprecherkabel aus dem Mischpult.

Die Anlage war tot, und ich war es zur Hälfte auch. Ich habe noch nie so in der Kirche geschwitzt wie in diesen Minuten! Jetzt sang ich halt ohne Verstärkung weiter. Klar, dass sich die Hälfte der Besucher nachher beschwerte, weil sie den Text nicht mehr verstanden hatte – wer singt schon gern ohne Mikrofon vor 500 Leuten?! Zum Feiern war es mir an diesem Silvester absolut nicht mehr zumute.

Viele Freunde haben danach das Gespräch mit mir gesucht, versucht, mich zu trösten, aufzurichten und viele waren auch maßlos enttäuscht und empört über diese Reaktion eines Einzelnen, unter dem die ganze Gemeinde leiden musste. Mein Kollege schaltete sich ein, als zahlreiche Gemeindeglieder mit Gemeindeaustritt drohten, wenn da nicht eine Entschuldigung dieses „Strippenziehers" vor der Gemeinde geschehen würde. Tja, im Nachhinein hat das natürlich nicht viel Wert gehabt. Besser wäre es gewesen, wenn einer von ihnen im Gottesdienst aufgestanden wäre und mal kurz das Kabel wieder eingesteckt hätte ... Aber gut. Vergeben und vergessen. Allerdings ist mir Gott sei Dank in der Zwischenzeit ein recht dickes Fell gewachsen – gegen Strippenzieher!

Bibeln im Wartezimmer

Ich musste zum Arzt. Weil ich nur eine kurze Rückfrage an ihn hatte, bat man mich, auf einem der besonderen Stühle im Bereich der Anmeldung Platz zu nehmen. Ständig kamen neue Patienten in die Praxis, die sich anmeldeten. Auf meinem Platz konnte ich sie hören, sie konnten mich aber nicht sehen.

Plötzlich hörte ich eine Stimme unter den Ankommenden, die ich kannte. Es war ein Mann aus meiner Gemeinde, der seine Frau abholen wollte. Als er fragte, ob seine Frau schon fertig sei, sagte man ihm, sie sei noch in Behandlung. Er solle bitte im Wartezimmer Platz nehmen. Das tat er auch.

Ein wenig später kam er wieder zu der Arzthelferin und sagte: „Ich wollte Sie fragen, ob ich bei Ihnen im Wartezimmer Bibeln auslegen darf." Wie gesagt: Ich hörte ihn, aber er sah mich nicht. Ich war sehr gespannt, wie die Arzthelferin auf diese Anfrage reagieren würde.

„Was bitte wollen Sie auslegen?", fragte sie.

„Bibeln!", antwortete der mir vertraute Mann mit dem langen grauen Vollbart.

Die Sprechstundenhilfe war verunsichert.

Bibeln? Nein, wohl eher nicht, meinte sie. Da hätten die Ärzte hier bestimmt etwas dagegen. Doch er ließ nicht locker. Sie versprach, einen der Ärzte zu fragen.

In dem Moment ging die Tür vom Behandlungszimmer auf. Der Arzt kam heraus, bat mich zu sich hinein, beantwortete meine Frage und entließ mich mit besten Wünschen zur Genesung. Danach kam die Sprechstundenhilfe mit einer der Gideon-Bibeln zu ihm, die ihr der Mann gegeben hatte.

Ich wartete gerade noch vorn an der Rezeptausgabe, als plötzlich der Arzt wieder rausstürmte, zu mir kam und rief: „Herr Pfarrer, Herr Pfarrer, warten Sie kurz, bitte kommen Sie noch mal zu mir."

Ich folgte ihm und nahm nochmals bei ihm Platz. „Herr Pfarrer Bräuning, sagen Sie, dieser Mann mit dem langen Bart: Gehört der einer Sekte an? Und was ist das für ein Buch, das er in unseren Wartezimmern auslegen will?"

Ich sagte ihm, dass es ein Neues Testament sei, so eins, wie es auch immer in Hotels und Krankenhäusern ausgelegt werde. Der Mann mit dem langen grauen Bart ist Mitglied bei den Gideons, geht in meine Gemeinde, deshalb versicherte ich dem Arzt: „Sie brauchen keine Angst vor ihm zu haben. Er gehört keiner Sekte an und das Buch ist einfach nur die Bibel. Das können Sie getrost in der Praxis auslegen."

„Ja, aber ist es denn ratsam, wenn man krank in eine Arztpraxis kommt und gleich mit der Bibel konfrontiert wird?", fragte er unsicher weiter.

Was hätten Sie ihm geantwortet?

SMS vom Himmel

Ich hatte mich mit meiner Frau gestritten. Das kommt so alle drei Monate mal vor. Sie hatte eine Biertischgarnitur gekauft – für den Garten. Und das völlig ohne Absprache. Man muss wissen: Ich hasse Biertischgarnituren im Garten! Wenn es etwas in der Art sein soll, dann bitte schön gemütliche Gartenmöbel mit Polstern!

Meine Frau begründete ihren Kauf damit, dass wir nicht genug Sitzmöglichkeiten hätten, wenn die Freunde meiner Kinder kämen – zum Spielen oder Grillen. Und ich müsste ja nicht darauf sitzen, wenn ich nicht wollte. Das alles hatte mich sehr verärgert und zur Weißglut gebracht. Kurzum: Damit der Streit nicht eskaliert, habe ich gemacht, was wir ausgemacht hatten – ich zog mich für eine Stunde zurück. Ging spazieren. Meinen Hitzkopf kühlen.

Ich war keine fünf Minuten unterwegs, da hörte ich den SMS-Ton meines Handys. Irgendeine Person, die ich nicht kannte, hatte mir eine SMS geschickt. Darin stand: „Hinfallen – aufstehen – Krönchen richten – weitergehen!"

Kurz darauf kam eine erneute SMS von dieser unbekannten Person mit einer Entschuldigung: Sie wollte mir die SMS nicht schicken. Sie war an andere Menschen adressiert. Es wäre ein Versehen gewesen.

Wenn die wüsste!, dachte ich. Genau das war die Nachricht, die mich in diesem Moment erreichen musste. Wie aus heiterem Himmel. Natürlich falle ich im Leben. Werde schuldig, bleibe vieles schuldig. Auch gerade in einer Beziehung. Fallen kann man. Fallen darf man. Aber nicht liegen bleiben! Sondern: aufstehen und Krönchen richten und dabei merken, es sind noch alle Zacken da.

Und leuchten tut das Ding auch noch! Ich habe nichts verloren von meiner Würde, von meinem Stolz. Und das gibt mir die Kraft, weiterzugehen, auf den anderen zuzugehen, mich zu entschuldigen. Wieder etwas zurechtzubringen. Und das alles bricht bei mir keinen Zacken aus der Krone! Wie gut es tut zu wissen, dass ich aus der Versöhnung leben darf und mir Schuld und Entschuldigung nichts von Wert und Würde nehmen. Im Gegenteil: Es geht danach wert- und würdevoller weiter als zuvor!

Mit der Biertischgarnitur habe ich inzwischen auch Frieden geschlossen. Es gibt fantastische Sitzpolster dafür! Und damit sind sie tatsächlich gar nicht so übel.

Leise Schlichtung

Ich möchte Ihnen von einem für mich sehr eindrücklichen, stummen Liebeszeichen erzählen. Jeanetta, meine jüngste Tochter, war zu jenem Zeitpunkt zwei Jahre alt. Wir saßen beim Abendessen, sie genau zwischen Mama und Papa am Tischende.

Wenn plötzlich die Stimme des Papas lauter wurde, weil er sich über irgendetwas aufregte, was die Mama gesagt hatte, wenn also Streit sich anbahnte, dann machte Jeanetta Folgendes:

Sie nahm mit ihrer kleinen rechten Hand die linke Hand des Papas – oder nur den Finger. Und dann nahm sie mit ihrer kleinen linken Hand die rechte Hand der Mama – oder nur den Finger. Und dann zog sie mit Leibeskräften an beiden Händen, um sie wieder zusammenzukriegen. Und sie hörte erst auf zu ziehen, wenn die Hand des Papas ruhig und liebevoll auf der Hand der Mama lag. Das war ein stummes Liebeszeichen, das jeden Anflug von Streit und bösen Gedanken mit einem Schlag zum Erliegen brachte.

Ich habe davon schon Jugendlichen erzählt, die darunter litten, dass sich ihre Eltern so oft stritten. Und mein „Jeanetta-Tipp" für sie lautete: Versuche, auch lautlos stumme Liebeszeichen zu setzen, auf die die Eltern ständig stoßen. Das bewirkt auf Dauer viel!

Das Vaterunser einmal anders

Die Kirche war voll – es war Erntedankgottesdienst. Der Altar war über und über bedeckt mit Blumen, Kartoffeln, Kürbissen, Bananen, Trauben, Brot – und alles duftete höchst fein!

Die Kinder wirkten mit. Der Kirchenchor. Die Predigt dauerte etwas länger. Mein Kollege war für die Liturgie zuständig: Psalm, Gebete, usw. Vermutlich war der Arme durch den Wohlgeruch der Erntedankgaben mit den Gedanken schon beim Mittagessen. Vermutlich hatte er auch nicht gefrühstückt – wie oft bei den Pfarrern. Deshalb hatte er großen Hunger.

Die Gemeinde war beim Vaterunser schon ziemlich ermüdet und der ein oder andere war mit den Gedanken bereits ganz woanders. Nach dem Fürbittegebet trat mein Kollege zum Altar und wollte das Vaterunser anstimmen. „Ich bitte die Gemeinde, sich zu erheben!"

Wer konnte stand auf, senkte den Kopf und wollte in das Gebet einstimmen. Die Worte kann doch jedes Kind auswendig. Aber mein Kollege kam aus der Bahn, hatte einen verhängnisvollen Aussetzer und betete: „Vater, segne diese Speise, uns zur Kraft und dir zum Preise ..."

Die Gemeinde und er selbst waren verwirrt. Er bat darum, noch einmal anfangen zu dürfen. Beim zweiten Versuch passierte ihm jedoch genau der gleiche Versprecher. Er war mit sich und der Welt am Ende. Ich sprang ein und versuchte mit ein wenig Abstand zum Mikrofon das richtige Gebet anzustimmen. Das ging allerdings auch nur so mäßig, denn ich konnte mir das Lachen einfach nicht mehr verkneifen. Nach dem Gottesdienst hallte ein Lachen durch die Gemeinde, wie ich es seitdem nicht mehr erlebt habe. „Vater, segne diese Speise ...!"

Wir lernen daraus: Nie mit leerem Magen auf die Kanzel, und bitte selbst die einfachsten und sichersten Gebete fein säuberlich aufschreiben!

**Wertvoll
und geliebt!**

Eine Geldpredigt

Immer wieder halte ich bei Veranstaltungen deutlich sichtbar einen 50-Euro-Schein in die Höhe und frage: „Wer möchte diesen Geldschein haben?"

Natürlich gehen alle Hände hoch. Daraufhin sage ich: „Ich werde diesen 50-Euro-Schein einem von Ihnen geben, aber lassen Sie mich zuerst noch eines tun", und knülle den Schein in meiner Hand zusammen, bis er völlig zerknittert ist.

Dann frage ich: „Möchte ihn immer noch einer haben?"

Die Hände gehen immer noch alle nach oben. Also mache ich weiter und frage: „Was ist, wenn ich das tue?", und werfe den Geldschein auf den Boden, wo ich auf ihm herumtrampele, bis er völlig verunstaltet ist.

Dann hebe ich ihn auf und wende mich wieder an die Versammlung: „Nun, wer möchte ihn jetzt noch haben?"

Es gehen immer noch alle Arme in die Luft.

Mein Fazit lautet anschließend folgendermaßen: „Wir haben soeben eine sehr wertvolle Lektion gelernt. Was auch immer mit dem Geld geschah, Sie wollten es haben, weil es nie seinen Wert verloren hat. Es war immer noch und stets 50 Euro wert. In unserem Leben passiert es oft, dass wir abgestoßen, zu Boden geworfen, zerknittert und in den Dreck geschmissen werden. Das sind Tatsachen aus dem alltäglichen Leben. Sie verändern uns. Aber egal, was passiert ist oder was passieren wird, wir werden niemals an Wert verlieren. Jeder von uns ist und bleibt besonders wertvoll!"

Mein Leben ist Dreck

In einer Radiosendung erzählt mir eine junge Frau am Telefon: „Mein Leben ist Dreck. In letzter Zeit erkenne ich, dass ich einfach nur kaputtgehe: Vor drei Jahren ist meine Mutter gestorben, sie war Alkoholikerin. Seitdem lebe ich bei Verwandten und habe in der Zeit drei Mal die Schule wechseln müssen ... Nun ist ein großer Familienstreit ausgebrochen und ich habe das Gefühl, dass das alles nur wegen mir passiert. Meine Verwandten schlagen und schreien sich an, und das anscheinend alles nur wegen mir! Ich gehe einfach kaputt daran, ich weiß nicht mehr weiter."

„Mein Leben ist Dreck." Gerade auch, wenn wir uns schuldig fühlen, fühlen wir uns dreckig. Als ob wir etwas abwaschen müssten – eben das, was uns verdreckt hat. Nicht selten höre ich von Menschen, die an ihre Grenzen gekommen sind: „Es geht mir im Moment richtig dreckig." Dieser Gedanke entsteht in uns nicht einfach so. Es kann sein, dass Menschen uns im wahrsten Sinne des Wortes schmutzig behandeln, sodass wir denken, wir hätten es nicht anders verdient. Folgende Erzählung hilft vielleicht, durch den Dreck zu gehen:

Ein Fürst gab einmal ein großes Fest. Viele wichtige Menschen waren eingeladen. Es begann zu regnen, und vor der Toreinfahrt bildete sich eine große Pfütze. Als ein vornehm gekleideter Herr aus seinem Wagen stieg, rutschte er aus und fiel der Länge nach in die Pfütze. Mühsam erhob er sich, von oben bis unten beschmutzt, nass und sehr geknickt.

„So kann ich mich nicht auf dem Fest sehen lassen", dachte er. Einige Gäste machten schon spöttische Bemerkungen.

Ein Diener meldete dem Fürsten den Vorfall. Dieser eilte sofort hinaus und erreichte den Gast gerade noch, als er zurückfahren wollte.

„So bleibt doch, mir macht der Schmutz an Euren Kleidern nichts aus", sagte der Fürst, doch der Gast hatte Angst vor den Blicken und dem Getuschel der anderen Gäste. Da ließ sich der Fürst mit seinen kostbaren Kleidern in dieselbe Pfütze fallen, sodass auch er von oben bis unten voller Dreck war. Dann nahm er den Gast an die Hand und beide gingen in den festlich geschmückten Saal.

Wie solch ein Fürst geht Jesus mit uns um. Kommt nicht mit kostbaren Kleidern zur Welt, sondern in Windeln gewickelt. Hüllt sich nicht in Samt und Seide, sondern trägt zum Schluss zerrissene Kleider, um die man feilscht. Menschen verbergen ihr Angesicht vor ihm. Es ist ihnen peinlich, ihn anzusehen. Kein Äußeres, das uns gefallen hätte. Wer außer Christus lässt sich auf diese menschliche Schmach ein?

Hauptsache geliebt!

Ein Jahr nach der Geburt der kleinen Lara hatten die Eltern beim Pfarrer die Taufe angemeldet. Das Taufgespräch war geführt. Alles war für den feierlichen Tag vorbereitet. Die Kirchenglocken eröffneten den Gottesdienst. Die Tauffamilie saß mit allen Verwandten in der ersten Reihe. Lara war ganz in Weiß gekleidet. Sie sah einfach hinreißend aus. Nur der Schnuller war vielleicht etwas zu groß für die Kleine. Aber sie hatte Gefallen daran.

Wer die kleine Lara allerdings etwas genauer anschaute, der erschrak: Sie hatte kein wohlgeformtes, pausbäckiges Babygesicht, sondern schwerste Entstellungen am Kopf und an den Gliedmaßen. Ihre Oberlippe war gespalten. Einen Hinterkopf gab es nicht. Lara war schwerstbehindert zur Welt gekommen. Ein Herzfehler machte die Sache noch tragischer. Die Ärzte prognostizierten maximal fünf Jahre Lebenszeit. Niemals würde Lara „normal" laufen, lachen, springen, lernen, basteln, toben, turnen können. Immer würde sie Schwerstpflegefall bleiben. In Rollstuhl oder im Krankenbett. Ihr junges Leben würde geprägt sein von vielen Arztbesuchen und Krankenhausaufenthalten. Durch die Schmerzen würde sie immer wieder ohnmächtig werden. Eine glückliche Kindheit – nein, das konnte sich niemand für sie vorstellen.

Dann rief der Pfarrer die Familie und die Taufpaten nach vorn. Laras großer Bruder trug sie auf seinen Armen. Ganz sachte und vorsichtig. Dann nahm der Pfarrer das Kind in den Arm, lächelte, schaute die versammelte Taufgemeinde an und sagte: „Hauptsache – geliebt!" Und es war für einen Moment so, als ob Lara lächelte.

Nein, nicht Hauptsache gesund. Hauptsache geliebt. Und nichts anderes sagen wir den Menschen bei ihrer Taufe zu: Von Gott geliebt. Von Gott geschaffen. Mit allen Vor- und Nachteilen. Mit allen Begrenzungen, Behinderungen. Mit allem! Von Gott geliebt und von Gott gewollt! Das große Ja Gottes steht über unserem Leben. Das Lebensglück hängt nicht an der Gesundheit, am Erfolg, am „Normalsein", am Können oder Nichtkönnen. Unser Lebensglück liegt in der Hand Gottes und hängt allein von seinem „JA" zu uns! Dieses Ja ist pure Liebe.

Der dänische Philosoph und christliche Mystiker Sören Kierkegaard schreibt über die Liebe:

Was macht den Menschen groß,
zum Wunder der Schöpfung,
gefällig in den Augen Gottes?
Was macht den Menschen stark,
stärker als die ganze Welt?
Was macht ihn schwach,
schwächer als ein Kind?
Was macht einen Menschen hart,
härter als Fels?
Was macht ihn weich, weicher als Wachs?
Es ist die Liebe.

Was überlebt alles?
Es ist die Liebe.

Was kann genommen werden,
nimmt aber selber alles?
Es ist die Liebe.

Was kann gegeben werden, gibt aber alles?
Es ist die Liebe.

Was tröstet, wenn aller Trost versagt?
Es ist die Liebe.

Was überdauert, wenn alles wechselt?
Es ist die Liebe.

Was bleibt, wenn das Vergängliche vergeht?
Es ist die Liebe.

Was zeugt, wenn Prophetie verstummt?
Es ist die Liebe.

Was erlischt nie, wenn Geschichte schwindet?
Es ist die Liebe.

Was erhellt, wenn dunkler Rede Sinn zu Ende?
Es ist die Liebe.

Was segnet den Überfluss der Gaben?
Es ist die Liebe.

Was gibt der Engel Rede Nachdruck?
Es ist die Liebe.

Was wandelt der Witwe Schärflein in Überfluss?
Es ist die Liebe.

Was macht des Einfältigen Rede weise?
Es ist die Liebe.

Was ändert sich niemals, wenn alles sich ändert?
Es ist die Liebe.

Liebesgrüße aus heiterem Himmel

Sie war mit dem neuen Auto einkaufen. Hatte es randvoll beladen und wollte nun nach Hause. Sie legte den Rückwärtsgang ein, schaute kurz in den Rückspiegel und schon setzte sie zurück. Irgendwie übersah sie dabei den Herrn in dem neuen BMW, der just in diesem Moment in ihre Parklücke wollte. Es kam zum Zusammenstoß.

Mit zitternden Knien stieg sie aus. Und hatte nur einen schrecklichen Gedanken im Kopf: „Wie soll ich das meinem Mann beibringen?!" Das neue Auto, keine zwei Wochen alt. Ausgerechnet ihr musste das geschehen! Was für ein rabenschwarzer Tag!

Der ältere Mann war auch aufgebracht und verärgert: Schließlich war sein Auto ja auch noch nigelnagelneu! Nach einer kurzen Weile, in der der Schaden inspiziert wurde, bat der ältere Herr die Frau, ihm doch die notwendigen Daten zu geben, damit er mit der Versicherung alles regeln könne.

Sie wusste, dass ihr Mann für solch einen Fall im Handschuhfach einen kleinen schwarzen Ordner hinterlegt hatte. So lief sie um das Auto herum, öffnete die Beifahrertür und mit zitternden Händen das Handschuhfach. Immer noch plagte sie dabei der Gedanke: „Wie bring ich's meinem Mann bei?!"

Sie zog den schwarzen Ordner aus dem Fach, schlug ihn auf und entdeckte auf der oberen Seite einen gelben Haftzettel. Darauf stand in der schönen Handschrift ihres Mannes:

Mein lieber Schatz,
wenn Du diese Unterlagen brauchst,
evtl. weil Du einen Unfall hattest …
denke daran:
Ich liebe Dich und nicht das Auto!

Ein Liebesbeweis – wie aus heiterem Himmel!

Leben vom Geliebtsein

Ich liebe es, geliebt zu werden. Wenn mein Sohn Dominik zu mir sagt: „Papa, guck mal, wie lieb ich dich habe", beginnt ein sehr schönes Spiel. Denn dann breitet er seine Hände so weit es geht nach links und rechts aus und sagt: „Soooooooooooooooo lieb hab ich dich." Und dann breite ich meine Hände aus, ein Stück weiter, und sage: „Und ich hab dich sooooooo lieb!" Und dann schaut sich Dominik um und sagt zu mir: „Und ich hab dich lieb von hier bis zur Decke!" – „Und ich hab dich lieb bis zum Ende der Straße", antworte ich.

Und dann geht es immer so weiter: Ich hab dich lieb bis zum Ende der Stadt, bis zum Ende der Welt, bis zum Mond und bis zur Sonne und bis zur Milchstraße. „Und ich hab dich lieb bis ans Ende des Universums!", triumphiert Dominik.

Tja, weiter komm ich dann auch nicht. „So lieb hab ich dich auch!" Eigentlich müsste ein solches Gespräch über die Liebe jeden Tag stattfinden. Denn von dieser Liebeszusage kann man leben! So wie die Bettlerin in der folgenden Geschichte des Dichters Rainer Maria Rilke.

Während Rilke sich in Paris aufhielt, kam er gemeinsam mit einer Französin jeden Tag um die Mittagszeit an einem Platz vorbei, an dem eine Bettlerin saß, die um Geld bat. Ohne zu einem Geber je aufzusehen, saß die Frau immer am gleichen Ort und streckte ihre Hand bittend aus. Rilke gab ihr nie etwas, seine Begleiterin gab häufig ein Geldstück. Eines Tages fragte die Französin ihn, warum er nichts gebe, und Rilke entgegnete: „Wir müssten ihrem Herzen schenken, nicht ihrer Hand!"

Wenige Tage später hatte Rilke eine eben aufgeblühte weiße Rose dabei, als sie an der Frau vorbeikamen. Er legte sie in die offene, abgezehrte Hand der Bettlerin. Da blickte sie auf, sah dem Geber ins Gesicht, erhob sich mühsam von der Erde, tastete nach der Hand des fremden Mannes, küsste sie und ging mit der Rose davon.

Eine Woche lang war die Frau verschwunden, ihr Platz blieb leer. Nach acht Tagen saß die Bettlerin wieder an ihrem gewohnten Platz und streckte ihre bedürftige Hand aus.

„Aber wovon hat sie denn all die Tage, da sie nichts erhielt, nur gelebt?", fragte die Französin. Rilke antwortete ihr: „Von der Rose."

Der Rosenstrauch

Die folgende Gartengeschichte wurde mir von einer Bekannten erzählt. Sie war bei einer Freundin eingeladen und ließ sich von ihr den Garten zeigen. Er war wunderschön. Eine wahre Pracht! Einer der Rosensträucher stach besonders hervor. So etwas Herrliches hatte sie zuvor noch nie gesehen.

Als meine Bekannte ihre Freundin danach fragte, erklärte sie ihr: „Vor ein paar Jahren war unsere Ehe kurz vor dem Scheitern. Wir wollten uns trennen. Da pflanzte mein Mann diesen Rosenstrauch. Wir vereinbarten: Wenn die Rosen wachsen und gedeihen, geben wir unserer Ehe eine neue Chance und bleiben zusammen. Sollten sie eingehen, würden wir uns trennen. Eines Abends ertappten wir uns dabei, wie jeder von uns heimlich mit einer Gießkanne zum Rosenstrauch ging, um ihn zu gießen!"

Von der
Vergebung

Hasse ihn!

Irgendwann wurde Dapozzo von den Nazis zu Hause abgeholt. Verhaftet und in ein Konzentrationslager gebracht. Er hatte zu frei und offen vom Evangelium erzählt. So saß er jahrelang wegen seines Glaubens in einem KZ und musste alle Repressalien über sich ergehen lassen. Nach ein paar Monaten hatte der sonst so stattliche Mann dramatisch abgenommen: Er wog nur noch 45 kg und sein ganzer Körper war mit eiternden Wunden bedeckt. Man hatte ihm außerdem bei der Folter den rechten Arm gebrochen. Ärztliche Behandlung wurde ihm untersagt. Er litt unvorstellbare Schmerzen.

Am Weihnachtsabend 1943 befahl der Lagerkommandant, man möge den Häftling Dapozzo zu ihm bringen. Mit schweren, langsamen Schritten folgte der Häftling den Wachmännern. Die Angst saß ihm im Nacken. Er war auf das Äußerste gefasst. Sie mussten den Hof überqueren. Es schneite und war eisig kalt. Man hatte ihm verwehrt, Kleidung anzulegen und eine Decke überzuwerfen. So watete er mit nacktem Oberkörper und barfuß über den schneebedeckten Innenhof.

Dann öffneten sie die Tür in das gut beheizte Zimmer des Lagerkommandanten. Überaus gelassen saß dieser auf einem breiten Sofa, rauchte an einer Zigarre und hatte ein verächtliches Grinsen im Gesicht. Unweit von ihm stand ein großer, festlich geschmückter und reich gedeckter Tisch. Eine Schüssel mit dampfender, wohlriechender Suppe stand neben einer Platte mit einem verführerisch duftenden Braten.

Der Kommandant erhob sich, ließ Dapozzo im Türrahmen stehen und würdigte ihn keines Blickes, sondern ging zielstrebig an die Tafel. Er schnitt sich ein großes Stück Fleisch ab, steckte es genussvoll in den Mund und begann zu schmatzen. Mit vollem Mund brüllte er schließlich den leidenden Häftling an: „Und, Dapozzo, glaubst du immer noch an deinen guten Gott?"

Dapozzo spürte in diesem Moment, dass der Hass in ihm größer wurde als der Hunger und alle körperlichen Schmerzen. Dieser Hass war kaum mehr zu kontrollieren. Aber er konnte sich auch nicht wehren, er hatte keine Kraft mehr. Er hörte eine innere Stimme, die ihm zuflüsterte: „Dapozzo, hasse diesen Kommandanten. Hasse ihn. Und lass ab von deinem Gott. Er hat dich vergessen. Er ist kein guter Hirte, der dir den Tisch im Angesicht deiner Feinde deckt. Er ist ein schlechter Hirte, der den Tisch für die anderen deckt und dich mit Schande krönt! Vergiss Gott und hasse den Kommandanten."

Da begann er, zu beten. Gegen die Stimme. Gegen den Hass. Trotz aller Schmerzen. „Wenn ich auch wanderte im finsteren Tal, fürchte ich kein Unglück. Denn du bist bei mir. Dein Stecken und Stab trösten mich." Und er erhob den Kopf mit letzter Kraft und sagte deutlich und klar: „Ja, ich glaube an Gott. Er hat mich nicht vergessen!"

Da öffnete sich die Tür. Die Küchenbediensteten brachten frischen Kaffee herein und servierten dem Kommandanten auf einem silbernen Tablett herrlich duftende Kekse. Gierig stopfte er sie sich in den Mund und sagte zu Dapozzo: „Deine Frau ist eine ausgezeichnete Köchin, Dapozzo! Du kannst stolz auf sie sein!"

Dapozzo verstand nicht, warum der Kommandant von seiner Frau sprach, von der er so lange nichts mehr gehört hatte. Da erklärte der Kommandant: „Jedes Jahr schickt deine Frau zu verschiedenen Anlässen Päckchen für dich ins Lager, immer mit vielen selbst gebackenen Keksen und kleinen Kuchen. Selbst deine Kinder können schon hervorragend backen. Jedenfalls sind die kleinen Süßigkeiten, die sie für ihren Papa machen, mir immer ein Hochgenuss! Sag das deiner Familie, solltest du sie jemals wiedersehen."

Dapozzo hatte nie solch ein Paket zu Gesicht bekommen. Alles hatte die Lagerleitung konfisziert. Da stieg in ihm wieder grenzenloser Hass auf. Am liebsten hätte er den Kommandanten auf der Stelle getötet. Aber er hatte keine Kraft. Er wurde fast ohnmächtig vor Wut: Seine Familie hatte jahrelang von den wenigen Vorräten Gutes für ihn gebacken, damit er wenigstens etwas Süßes im Lager hätte, und als Zeichen, dass sie ihn nicht vergessen hatten. Und nichts davon war bei ihm angekommen. Doch statt sich vom Hass in die Knie zwingen zu lassen, betete Dapozzo noch einmal im Stillen einen Vers aus Psalm 23: „Gutes und Barmherzigkeit werden mir folgen mein Leben lang und ich werde bleiben im Haus des Herrn immerdar."

Der Kommandant ließ Dapozzo wieder abführen. Er hatte ihm noch nicht einmal gestattet, wenigstens an einem Kuchen riechen zu dürfen.

Am Ende des Krieges wurde Dapozzo aus dem Lager befreit. Es vergingen Jahre, bis er sich einigermaßen erholt hatte. Dann fasste er den Entschluss, den Lagerkommandanten zu suchen. Er hatte gehört, er wäre untergetaucht. Nach zehn langen Jahren der Suche fand er ihn.

Gemeinsam mit einem Geistlichen stand Dapozzo eines Tages vor dessen Haustür. Sie klopften. Es wurde ihnen geöffnet. Der ehemalige Häftling erkannte ihn sofort wieder. Der Kommandant erkannte ihn jedoch nicht. Er bat sie hinein. Als sie im Wohnzimmer saßen, sagte Dapozzo zu ihm: „Ich bin Häftling 1469. Können Sie sich noch an Weihnachten 1943 erinnern? Als Sie vor mir die Kekse und den Kuchen meiner Frau verzehrten und mich noch nicht einmal daran riechen ließen?"

Der Kommandant konnte sich erinnern. Und er bekam es plötzlich mit der Angst zu tun. „Sind Sie gekommen, um sich an mir zu rächen?", fragte der Kommandant. „Wie kann ich das wieder gutmachen?"

„Ja", sagte Dapozzo, „ich möchte es Ihnen heimzahlen." Und bei diesen Worten zog er ein großes Päckchen hervor, öffnete es und stellte den darin aufbewahrten Kuchen, den seine Frau gebacken hatte, auf den Tisch. Den Geistlichen bat er, die mitgebrachte Kanne mit heißem Kaffee und die Tassen auf den Tisch zu stellen. Dann lud Dapozzo seinen Peiniger ein, mit ihm gemeinsam den Kuchen und den Kaffee zu genießen.

Schweigend saßen sie um den Tisch, aßen und tranken. Dann brach der Kommandant in Tränen aus. Er konnte nicht fassen, was geschah. Dapozzo erklärte ihm, dass er an seinem Gott festgehalten hatte. Er hatte das Lager überlebt, seine Familie wiedergefunden. Er hatte ein neues Leben begonnen und konnte wieder in seinem Beruf arbeiten. Gott habe ihm die Kraft geschenkt, ihm, dem Kommandanten, alles zu vergeben.

Diese Geschichte von Dapozzo war für mich die eindrücklichste Illustration zu Römer 12,21: „Lass dich nicht vom Bösen überwinden, sondern überwinde das Böse mit Gutem."

Der unfertige Jesus

Seit Monaten arbeitete Michelangelo in der Sixtinischen Kapelle an einem Gemälde von Jesus. Es waren nur noch ein paar Pinselstriche, bis Jesus fertig sein sollte. Aber irgendwie wusste Michelangelo zum Schluss nicht mehr weiter. Jeder Strich, den er mit seinem Pinsel zeichnete, machte ihn unzufrieden. Er war frustriert, traurig, unzufrieden. Noch nie hatte er so lang gebraucht, um ein fast fertiges Bild zu beenden. Es schien ihm, als ob Jesus nicht den richtigen Gesichtsausdruck hätte. Seine Barmherzigkeit, seine Güte, seine Liebe zu den Menschen kamen Michelangelos Meinung nach nicht richtig heraus. Jesus schien ihm zu kalt, zu wenig sanft.

Tagelang bemühte er sich darum, dem Gesicht Jesu den richtigen Ausdruck zu verleihen. Immer wieder wechselte er die Pinsel und die Farben. *Eventuell liegt es ja an den falschen Werkzeugen*, dachte sich der Künstler. Dann jedoch verließ ihn endgültig der Mut. Er legte Farbe und Pinsel beiseite und machte sich auf den Weg nach Hause, um etwas Zeit verstreichen zu lassen, bevor er es erneut versuchte.

In der Ruhe seines Ateliers erinnerte er sich an seinen Freund, mit dem er vor ein paar Wochen einen heftigen Streit gehabt hatte. Dieser Streit zehrte an seinen Nerven. Er raubte ihm sogar den Schlaf. Je mehr er darüber nachdachte, desto schlechter fühlte er sich.

In einer Messe hörte er in der Schriftlesung ein Wort aus dem Evangelium: „Wenn du deine Gabe auf dem Altar opferst und dort kommt dir in den Sinn, dass dein Bruder etwas gegen dich hat, so lass dort vor dem Altar deine Gabe und geh zuerst hin und versöhne dich mit deinem Bruder und dann komm und opfere deine Gabe." (Matthäus 5,23-24)

Michelangelo stand auf, stürzte aus der Kapelle und wusste, was zu tun war: Er eilte zu seinem Freund und bat ihn um Vergebung. Dann erzählte er ihm die ganze Geschichte. Dabei wurde ihm auch klar: „Tagelang habe ich gearbeitet und konnte Jesus einfach nicht den richtigen Gesichtsausdruck geben, es war immer etwas Ärgerliches darin."

Nachdem sie zusammen gegessen hatten, machte sich Michelangelo auf den Weg in die Sixtinische Kapelle. Er spürte eine enorme Kraft in sich, die ihm half, ans Werk zu gehen. Er wusste: Heute würde er das Bild von Jesus fertig malen können! Und tatsächlich: Nach ein paar Minuten Arbeit war der Gesichtsausdruck so, wie Michelangelo es sich vorgestellt hatte: gütig, gnädig, barmherzig. Voller Geduld und Liebe zu den Menschen. Es waren nicht die Pinsel und die Farbe, die Michelangelo das Bild nicht beenden ließen. Es war sein Herz, das voll von Streit und Unzufriedenheit sich auch Jesus nicht mehr recht vorstellen konnte.

Wenn der Wind darüber weht ...

S ie hatten sich auf eine weite, beschwerliche Reise gemacht. Ihr Ziel war, die Wüste zu durchqueren. Seit langer Zeit träumten die beiden Freunde davon. Jetzt waren sie unterwegs. Aber es kam, wie es kommen musste: Sie gerieten in einen Streit. Keiner wollte nachgeben, und so wusste sich der eine nicht anders zu helfen, als dem anderen eine Ohrfeige zu verpassen. Der Geohrfeigte war äußerst verletzt und fühlte sich missverstanden. Er bückte sich und schrieb in den Sand: „Heute bin ich von meinem Freund verletzt worden."

Den weiteren Weg legten die beiden schweigend zurück. Mit viel Abstand voneinander. Im Augenblick hatten sie sich nichts zu sagen und wollten sich nicht zu nahe kommen.

Aber die Sonne schien gnadenlos. Und so war der ganze Ärger übereinander verflogen, als sie eine Oase erreichten. Sie beschlossen, dort baden zu gehen. Für den Geohrfeigten war das verhängnisvoll. Die Abkühlung war für seinen Kreislauf zu viel, sodass er fast ertrunken wäre – wenn ihn nicht in letzter Sekunde sein Freund gerettet und ans Ufer gezogen hätte.

Als er nun so im Sand lag und sich langsam erholte, richtete er sich mühsam auf, nahm einen Stein, der in der Nähe lag, und ritzte in diesen Stein: „Heute hat mir mein Freund geholfen und das Leben gerettet."

Der andere staunte und sprach: „Vorhin hast du in den Sand geschrieben, dass du von mir verletzt wurdest. Jetzt schreibst du auf einen Stein, dass ich dir das Leben gerettet habe. Warum machst du das?"

Dankbar, dass sie endlich wieder miteinander redeten, antwortete der Freund: „Vorhin hast du mich verletzt. Diese bittere Erfahrung habe ich in den Sand geschrieben. Der Wind weht in Bälde darüber und löscht die Worte aus, und damit auch die Erinnerung. Jetzt hast du mir geholfen. Hast mir unendlich Gutes getan. Ich habe dir viel zu verdanken. Das möchte ich nicht vergessen und habe es deshalb in Stein gemeißelt."

Vermutlich hat Jesus genau deshalb in den Sand geschrieben, als er mit der Ehebrecherin zusammen war – weil Schuld nicht für immer bestehen bleiben muss. Wenn der Wind der Versöhnung darüber weht, hat die Stunde der Vergebung geschlagen. Dann sind Vergeben und Vergessen möglich! Gutes jedoch sollte man nie vergessen. Zum Beispiel den Frei-

spruch, den wir Menschen durch die Vergebung von Gott erfahren. Das sollte man sich in
Stein meißeln!

Schuldenfrei!

Darragh Matthew war ein Großgrundbesitzer in Irland, der es zu einem wahrhaft großen Reichtum gebracht hatte. Er hatte viele Ländereien, viele Produktionsstätten, viele Tiere und vor allem: viele, viele Mitarbeiter. Von Darragh Matthew selbst war bei seinen Mitarbeitern darüber hinaus jedoch wenig bekannt. Er zeigte sich nur selten unter ihnen. Aber alle wussten: Sonntags ging er mit seiner Familie in den Gottesdienst der kleinen Kirche in der Nachbargemeinde. Nichts konnte ihn davon abhalten, auch nicht die aufreibendsten Zeiten auf seinem Gutshof.

Eines Tages wunderten sich seine Angestellten sehr. Überall waren Plakate aufgehängt, auf denen stand:

„Am kommenden Sonntag bin ich in der Zeit von 17 bis 19 Uhr in meinem Büro. In dieser Zeit bin ich bereit, alle Schulden meiner Arbeiter zu bezahlen. Die unbezahlten Rechnungen sind mitzubringen."

Wer das Plakat las, zupfte sich verwundert den Bart oder raufte sich die Haare; so etwas hatte man dem reichen Matthew gar nicht zugetraut. War er doch sonst eigentlich recht verschlossen und zurückhaltend – vor allem in finanzieller Hinsicht. Die Arbeiter auf allen Farmen diskutierten tagelang. Sie konnten das alles nicht glauben und vermuteten einen bösen Scherz, einen üblen Schwindel hinter den Plakaten. Einige rissen sie sogar herunter und warfen sie ins Feuer. Andere mutmaßten, dass sich irgendwo und irgendwann noch das Kleingedruckte zu erkennen geben würde und das böse Erwachen erst in Matthews Büro auf einen wartete.

Dann war es so weit. Sonntag, kurz vor 17 Uhr. Immer mehr Menschen drängten sich vor dem großen Verwaltungsgebäude. Dann fuhr tatsächlich Darragh Matthew vor. Sein Fahrer öffnete ihm die Tür. Er warf sich den Mantel über, ließ den Regenschirm aufspannen – es regnete in Strömen – und ging schweigend in sein Büro. Dort bat er den Diener, die Tür zu verschließen. Dann nahm er in seinem schweren Ledersessel Platz und wartete. Wartete darauf, dass der Erste klopfte, der sich von ihm seine Schulden bezahlen lassen wollte. Aber es klopfte niemand. Es verging die erste Viertelstunde, es verging eine halbe Stunde.

Vor der schweren Holztür des Büros aber wurde heftig diskutiert. Mehrere hundert Mitarbeiter hatten sich inzwischen dort eingefunden. Sie diskutierten lautstark darüber, ob das Angebot ihres Chefs wirklich echt sein konnte.

Plötzlich schob sich ein Junge durch die wartenden Leute. Jeder wusste, wer er war: Robyn, der Sohn von Darragh Matthew. Er ermutigte mit einem Lächeln, an der Tür zu klopfen und verschwand selbst blitzschnell hinter der schweren Bürotür. Die kurz verstummte Diskussion unter den Arbeitern flammte wieder auf. Ob man den Sohn ernst nehmen könne und ob die Unterschrift des Chefs wirklich echt sei und ohne böse Hintergedanken, usw.

Inzwischen war es schon halb sieben. Noch eine halbe Stunde blieb, um sich die Schulden von Matthew bezahlen zu lassen. Viele hatten sogar die unbezahlten Rechnungen dabei. Aber keiner traute sich.

Da schob sich ein älteres Ehepaar durch die Menschenmassen. Der Mann hatte früher auch bei Matthew auf einer Farm gearbeitet. Seine Frau und er vertrauten darauf, dass es der Großgrundbesitzer ernst meinte und keine bösen Absichten hegte. Unbeirrt von den vielen Schmäh- und Buhrufen der Wartenden klopfte das Ehepaar an die Tür.

„Was bilden die sich ein?", höhnte einer. „Wir warten doch viel länger! Los, hinten anstellen!" – „Das ist doch eh nur eine ganz fiese Masche von Matthew! Bisher hat er noch keinem die Schulden bezahlt!", lästerte ein anderer.

Der Diener öffnete unterdessen die Tür und bat die beiden Alten herein. Dann ging alles ganz schnell: Der Gutsverwalter addierte den Stapel Rechnungen, den sie mitgebracht hatten, stellte einen Scheck über die Summe aus, ließ Matthew unterschreiben und übergab den Scheck an das ältere Ehepaar.

Nach einer Tasse Tee bat der Diener die beiden, das Haus durch den Hinterausgang zu verlassen. Sie rannten voller Glück nach Hause, so schnell sie ihre alten Füße tragen konnten, erzählten der Familie, den Freunden die unglaubliche Geschichte und gingen am nächsten Tag zur Bank, um den Scheck gutschreiben zu lassen. Sie waren ihre Schulden los!

Viele der Mitarbeiter warteten auch weit nach neunzehn Uhr noch vor der Bürotür. Ihre Angst zu klopfen und ihr Misstrauen vor Matthew hatten sich in der Zwischenzeit in Hass und Verzweiflung verwandelt. Sie hatten ihre Rechnungen noch. Sie blieben auf ihren Schulden sitzen. Nur, weil sie Darragh Matthew nicht beim Wort genommen hatten und sich selbst vom Sohn nicht ermutigen ließen! Das

Vermögen des Gutsbesitzers hätte vollkommen ausgereicht, um alle Schulden zu tilgen. Schuldlos und entschuldigt wurde nur das ältere Ehepaar.

Tun, was keiner tun würde

Tatort: Dallas, Texas, 22. November 1963, gegen 12:30 Uhr an der Dealey Plaza. John F. Kennedy wurde auf einer Wahlkampfreise mit mehreren Gewehrschüssen während einer Fahrt im offenen Wagen ermordet. Schnell wurde ein Verdächtiger festgenommen: Lee Harvey Oswald. Zwei Tage später sollte Oswald in das Staatsgefängnis von Dallas überführt werden. Dabei wurde Oswald vom Nachtclubbesitzer Jack Ruby im Keller des Polizeigebäudes erschossen.

Marina Oswald, die Witwe des Kennedymörders wollte genau wissen, was passiert war. Sie konnte kein Englisch, entschloss sich aber, in Amerika zu bleiben. Eine Kirchengemeinde im Bundesstaat Michigan erfuhr davon. Die Gemeindeleitung ließ ihr einen Brief zukommen, in dem sie anbot, ihr eine Wohnung zu besorgen und Englisch beizubringen, damit sie ihr Leben neu anfangen könne.

Diese Geste der Versöhnung und Feindesliebe erregte große Aufmerksamkeit. Viele Leute beschwerten sich bei der Gemeinde und legten Protest ein. Verärgert und voller Unverständnis waren die Äußerungen: Wie konnte man einer Frau so entgegenkommen, die mit dem Mörder von Kennedy verheiratet war, nicht nach Amerika gehörte und eigentlich abgeschoben werden musste? In einem Brief stand: „Ich habe nie erlebt, dass eine Kirchengemeinde jemals so etwas getan hätte."

Der Pastor dieser Gemeinde gab sich größte Mühe, jede Zuschrift einzeln zu beantworten. Er zeigte dabei Verständnis für die Reaktionen, konnte die Gefühle verstehen und brachte dann doch zum Ausdruck, dass es für Christen nur diese Form von Reaktion geben könne. Jeden Brief beendete der Pastor mit demselben Satz an die Kritiker: „Eines haben Sie uns nicht erklärt: Was haben wir mit unserem Angebot getan, was unser Herr und Heiland Jesus Christus nicht getan hätte?"

In der Tat: Wer nur den Bruder liebt und die Schwester, die sich nichts zuschulden kommen ließen, der hat nichts Besonderes getan. Über den eigenen Schatten springt der, der auch die schlimmsten Feinde liebt – so jedenfalls sagt und tut es Jesus.

Verkehrssünder

Ich war als Verkündiger zu einem Festgottesdienst eingeladen. Viele Leute waren da, die Veranstaltung war rundherum gelungen. Auch zur Predigt gab es viel Lob. Das letzte Lied des Posaunenchores bekräftigte die Botschaft: „Jesus nimmt die Sünder an!" Wie tröstlich!

Dann hinein ins Auto; die 300 Kilometer nach Hause wollte ich noch vor Einbruch der Dunkelheit geschafft haben und wenigstens den Kindern noch Gute Nacht sagen. Völlig in Gedanken versunken übersah ich – wie es kommen musste – das Schild mit der Geschwindigkeitsbegrenzung. Und wie immer traf es mich!

Warum immer ich? Warum blitzen die ausgerechnet immer mich? Am liebsten wäre ich an der nächsten Ausfahrt rausgefahren, zurückgefahren und noch einmal am Radargerät vorbeigefahren ... natürlich mit der vorgeschriebenen Geschwindigkeit. Aber das geht ja nun nicht.

Ein paar Wochen später der Brief: schwarz auf weiß, mit Foto und allem Drum und Dran. Unmissverständlich: Ich bin ein Verkehrssünder. Ich habe es wieder nicht geschafft, mich an die Regeln, die Gebote, die Ordnungen zu halten! Dabei ist es doch eigentlich ganz einfach: Man muss sich nur an alle Vorschriften halten und kommt unbeschadet und unsträflich durchs Leben. Wie das geht, was zu tun und zu lassen ist, ist doch in Tausenden von Gesetzen vorgeschrieben und verordnet.

Meine Erkenntnis: Ich schaff's nicht. Und nichts anderes ist die Botschaft der Bibel: Wir schaffen es nicht, alles so zu machen, dass wir gut durchs Leben kommen. Wie gut, dass die befreiende Botschaft Jesu ist: „Ich nehme euch als Sünder an. Vergebe und vergesse euch alle Schuld und mache mich neu mit euch auf den Weg. Und ich schäme mich nicht, an und auf der Seite von Zöllnern und Verkehrssündern zu sein!"

Gott sei Dank: Jesus nimmt die Sünder an!

Offenes Mikro

Es war der Albtraum, ja, die Horrorvorstellung jedes Radio-Moderators! Ich hielt wöchentlich den „nighttalk", eine Livesendung, in der Jugendliche zu nächtlicher Stunde mit mir als Pfarrer über ihr Leben reden konnten. Alle möglichen Themen kamen zur Sprache: Drogen, Liebeskummer, Schulstress, usw. Bei manchen Themen versuchten wir noch einen Experten auf dem jeweiligen Gebiet in die Sendung mit einzubauen, der dann einfach so richtig im Thema war.

Es war also ein Telefoninterview geplant mit einer mir sehr vertrauten und von mir sehr geschätzten Person. Noch dazu kam sie aus dem gleichen Ort wie ich. Wir hatten das Thema gut vorbereitet. Sie hatte alle meine Fragen vorab schriftlich bekommen, mit der Bitte, diese frei zu beantworten und nichts abzulesen.

Dann war es so weit. Kurz vor 23 Uhr rief mein Redakteur bei ihr an und stellte sie zu mir ins Studio durch. Wir begannen das Gespräch locker und fröhlich und kamen dann zu den Fragen. Ich stellte ihr die erste und sie antwortete – doch das kam mir Spanisch vor.

Das hörte sich ja an wie abgelesen! Und das ist eigentlich absolut unbrauchbar im Radio ... es sollte ja ein Live-Gespräch sein und keine Vorlesestunde.

Gut, ich gab die Hoffnung nicht auf, stellte ihr die nächste Frage – und sie las weiter fröhlich von ihrem vorher angefertigten Manuskript ab. Nächste Frage – nächste Vorlesung ... und so zog sich das ganze Gespräch hin. Im Prinzip absolut unbrauchbar, aber es war ja eine Livesendung, mit über 100.000 Hörern zu jener Zeit. Nix zu machen, es war über den Sender.

Wir verabschiedeten uns von ihr und ich zog den Regler für den nächsten Musiktitel. Schweißgebadet und total verärgert und enttäuscht. Schon stand mein Redakteur im Studio, außer sich. „Heiko, was war das denn?! Du hast doch gesagt, das sei eine super Expertin und ein genialer Gesprächspartner! Die hat doch alles abgelesen, das war ja furchtbar!"

Ich fiel ihm ins Wort, machte meinem Ärger Luft und sagte Dinge, die ich nicht hätte sagen sollen, denn ... wie mein aufmerksamer Redakteur plötzlich sah: Das rote „on air"-Licht brannte – das hieß, ich hatte vergessen, den Mikroregler runterzufahren und das Mikro auszumachen.

Auch da war nichts mehr zu retten. Mein Ärger, mein Frust, meine Beschimpfungen waren on air, alles war gesendet! Auch meine zutiefst verletzenden Worte: „Ja, ich dachte, sie sei gut. Aber das war ja absoluter Mist. So eine blöde Ziege …!" Und was einem halt in so einem Moment noch so über die Lippen kommt.

Sie hatte auch alles gehört – im Radio. Und natürlich auch die Zuhörer. Aber die schienen sich darüber nur zu amüsieren … so etwas kommt ja auch öfter vor!

Ich versuchte danach sofort, mit der verunglimpften Expertin zu reden und rief sie an. Aber als ich mich entschuldigen wollte, legte sie kommentarlos auf. Verständlich!

Es dauerte ungefähr ein Jahr, bis sie eine Entschuldigung von mir annehmen konnte. Wichtig war dabei auch, nicht ständig nachzufragen, sondern Zeit vergehen zu lassen. Dieses Nichtstun war echte Schwerstarbeit und für mich teilweise unerträglich … mit unvergebener Schuld leben zu müssen.

Wie befreiend, erlösend war es dann, nach langer Zeit von ihr endlich zu hören: „Ich habe dir vergeben!"

Ich kann nicht vergessen!

In der Mitte des Platzes brannte ein riesiges Lagerfeuer. Alle Teilnehmerinnen und Teilnehmer einer ökumenischen Begegnung hatten sich darum versammelt. Es war nur ein paar Jahre nach dem Zweiten Weltkrieg. Aus aller Herren Länder waren sie gekommen, um miteinander zu feiern: Deutsche, Engländer, Franzosen, Dänen, Norweger, Belgier, Holländer und Amerikaner. Sie waren schon vier Tage zusammen und hatten wieder einen Tag gemeinsam mit Gottesdiensten, Andachten, Gebeten und Liedern verbracht. Alle waren beeindruckt und erfüllt!

Da stand plötzlich ein junger Mann auf und bat die Menge, ein paar Worte sagen zu dürfen.

Er stellte sich als Paul Chavier aus Belgien vor und begann zu erzählen: „Ich erlebte meine Kindheit in Belgien. Kurz vor Kriegsende verlor ich meinen Vater und meine Mutter. Sie wurden von der Nazi-SS gefangen und vor meinen Augen erschossen. Ich schwor Rache. Ich wollte meine Eltern rächen! Die Mörder wollte ich aufspüren und es ihnen heimzahlen. Mein Hass auf die Deutschen war so groß.

Dann habe ich von diesem ökumenischen Treffen gelesen und wollte unbedingt dabei sein, in der Hoffnung, neue Freunde zu finden. Vor allem französische Freunde! Hätte ich gewusst, dass auch Leute aus Deutschland teilnehmen – ich hätte mich nie im Leben angemeldet und wäre nie hierher gekommen. Ich konnte die Ermordung meiner Eltern durch die Deutschen nicht vergessen!"

An dieser Stelle hielt er kurz inne, bevor er stockend fortfuhr: „Nun bin ich heute Morgen ohne böse Gedanken in den Gottesdienst gegangen. Ich hatte mich sehr darauf gefreut und war gespannt, was kommen würde. Neben mir war ein Platz frei geblieben. Da kam ein junger Mann und fragte mich, ob er sich zu mir setzen dürfe. An seiner Aussprache merkte ich sofort, dass er Deutscher war. Bevor ich etwas erwidern konnte, saß er schon neben mir. Er bat sogar darum, dass ich meine Decke mit ihm teilte, denn heute Morgen war es ja sehr kalt. Ich sagte zu mir: ‚Du musst raus hier. Du musst weg hier. Das ist ein Deutscher. Neben dir! Du musst ihn hassen! Du musst ihn abgrundtief spüren lassen, wie sehr du ihn hasst!' Gott sei Dank konnte er meine Gedanken nicht lesen und daher nicht ahnen, was in meinem Inneren vor sich ging."

Der junge Belgier zögerte kurz, bevor er mit fester Stimme weitersprach: „Dann kam, was kommen musste: Wir wurden zum Abendmahl eingeladen. Ich konnte es nicht fassen. Beim Abendmahl standen wir vorn nebeneinander. Und der Priester sagte zu mir: ‚Christus, für dich gestorben.' Und ich hörte, wie er das Gleiche auch zu meinem deutschen Nachbarn sagte: ‚Christus – für dich gestorben.' Da spürte ich plötzlich, wie sich in mir ein Knoten löste: Christus war für meine Schuld gestorben. Und er war für die Deutschen gestorben und ihre Schuld! Auch die Deutschen sind meine Brüder. Das war alles, was ich sagen wollte. Ich danke euch fürs Zuhören."

Von Weihnachts-
abenden und der
Auferstehung

Panne mit der Tanne

Es war alles geplant – gut geplant! Pünktlich zum Dreh des Weihnachtsgottesdienstes war der große Tannenbaum in der Fernsehkapelle Anfang November aufgestellt (beim Fernsehen muss alles schon ein bisschen früher passieren) und festlich geschmückt. Die TV-Aufnahmen waren nach zwei Tagen im Kasten! Heiligabend konnte kommen.

Wie immer war mit der örtlichen Kirchengemeinde vereinbart: Wenn sie wollen, spenden wir die große Tanne im Dezember der Gemeinde. So auch dieses Mal. Als Übergabedatum wurde der 19.12. angegeben: Dann sollten fleißige Hände aus der Gemeinde helfen, den Baum aus der Fernsehkapelle abzuschmücken und abzuholen. Einen Tag vorher, am 18.12., brauchte ich den Baum selbst noch zu einem Weihnachtsgottesdienst in besagter Fernsehkapelle.

Wie furchtbar überrascht war ich, als am 18.12. um 18 Uhr von der Tanne in der Kapelle nichts mehr zu sehen war. Nur noch die Nadeln, die abgefallen waren, lagen überall auf dem Boden verteilt und auf dem Teppich konnte man deutliche Schleifspuren sehen. Das konnte doch nicht wahr sein: Der Baum war weg! Eine Stunde, bevor der Gottesdienst anfing. Eine halbe Stunde, bevor die ersten Gäste eintrafen! Wo war der Baum hin? War er geklaut worden?

Sieh einer an: Hinter der Kapelle machte sich das Team um die Mesnerin an dem Baum zu schaffen. Sie hatten ihn gerade mit viel Müh und Not auf den Anhänger geladen und wollten ihn ins Dorf fahren. Ich hatte einen hochroten Kopf. Und der platzte schier, als mir die Mesnerin sagte, sie hätte am nächsten Tag doch keine Zeit, und nur für heute das Team gewonnen und außerdem würde es doch auf einen Tag mehr oder weniger nicht ankommen.

Ich versuchte ihr in aller mir noch verbliebenen Nächstenliebe zu erklären, dass in einer Stunde hier oben in der Kapelle der Weihnachtsgottesdienst anfangen würde. Und dass das ja wohl nun schlecht ohne Baum ginge. Selbst die Krippe hatte sie abgebaut und eingepackt. So langsam schien auch die Mesnerin zu verstehen. Sie wurde ganz leise und weiß im Gesicht. Es tat ihr unendlich leid. Sie war bereit, den Baum wieder aufzubauen. Aber zum Schmücken würde es dann nicht mehr reichen. Guter Rat war teuer.

Wir einigten uns drauf, wenigstens die Krippe notdürftig wieder hinzustellen. Aber ansonsten gab es nur eine Lösung: Weihnachtsgottesdienst ohne Tanne! Panne mit der Tanne. Und tatsächlich: Es war zwar etwas ungewohnt, aber durchaus möglich! Weihnachten lässt sich auch ohne Baum feiern. Es tat dem Gottesdienst keinen Abbruch. Wir sangen die gleichen fröhlichen Weihnachtslieder, hörten die gleiche Weihnachtsgeschichte, hatten eine gute Predigt – einen guten Gottesdienst.

Kann es sein, dass sich das Christkind nicht daran aufhält, ob neben seiner Krippe ein Weihnachtsbaum steht oder nicht? Es kam mir sogar vor, als ob sich das Jesuskind in der Krippe bedankte: *Endlich kitzelt mich das Lametta mal nicht. Endlich blenden die vielen elektrischen Lichter nicht so penetrant. Endlich Weihnachten – wieder fast so wie früher!*

Kommt der denn
auch einmal wieder runter?

Ich sitze mit meinem dreijährigen Sohn Pascal in einem Weihnachtsgottesdienst. Erste Reihe – wo der Pfarrer immer sitzt. Er bestaunt das große Holzkreuz, das über dem Altar hängt, und den gekreuzigten Jesus daran.

Dann sagt er nach einer Weile zu mir: „Papa, guck mal, da schaut uns einer zu."

„Genau", sage ich zu ihm, „das ist Weihnachten: Gott schaut zu uns."

Dann sagt Pascal: „Warum hat der denn so weit ausgestreckte Arme?"

Ich sage zu ihm: „Damit jeder in diese offenen Arme hineinlaufen kann. Das ist Weihnachten: Gott breitet seine Arme aus, sodass jeder aus seinem noch so finsteren Winkel in die offenen Arme Gottes laufen kann."

Und zum Schluss fragt mich Pascal: „Kommt der denn auch mal wieder runter von da oben?"

„Ja", sage ich zu ihm, „er kommt auch wieder runter. Aus heiterem Himmel. Und dann wird er dich und mich ganz fest in den Arm nehmen."

Das ist Weihnachten: Gott kommt zu uns herunter, um uns zu sagen: „Fürchte dich nicht. Ich bin bei dir!"

Spielball

Das Gebet eines Schulmädchens aus dem Libanon[9] hat mich berührt:

„Lieber Gott, oft komme ich mir vor wie ein Spielball. Man wirft mich hin und her, je nach Laune. Man wirft mich fort, man nimmt mich wieder auf, man lässt mich irgendwo in der Ecke liegen, man beachtet mich nicht, man stolpert über mich hinweg, man gibt mir einen Tritt, man greift nach mir, hält mich fest, überlässt mich fremden Händen. Herr, mein Gott, warum werden wir Menschen wie Spielbälle behandelt? Muss das so sein? Wäre es nicht denkbar, dass Menschen einander liebevoller begegneten, einander zärtlicher behandelten? Lieber Gott, denk daran, wie schwer es ist für Menschen, wie Spielbälle herumgeworfen, wie Abfall weggeworfen zu werden. Nimm dich der Menschen an! Herr, mein Gott, lehre uns, dass wir einander nicht länger wie Spielbälle behandeln, sondern Achtung haben voreinander."

---

9 Adalbert Ludwig Balling, „Lieber Gott, oft komme ich mir vor wie ein Spielball ...", aus: Ders., Unseren täglichen Reis gib uns heute. Gebete aus der Dritten Welt © Verlag Herder GmbH, Freiburg i. Br., 1984

Kurz vor Weihnachten schreibt Dietrich Bonhoeffer am 22.12.1943 in einem Brief an seinen Freund Eberhard Bethge aus dem Gefängnis Berlin-Tegel: „Ich muss die Gewissheit haben können, in Gottes Hand und nicht in Menschenhänden zu sein." [10]

Weihnachten gibt uns diese Gewissheit: Wir sind in Gottes Hand, und nicht Spielball in Menschenhänden.

---

10 Dietrich Bonhoeffer, Widerstand und Ergebung: Briefe und Aufzeichnungen aus der Haft", © Gütersloher Verlagshaus, Gütersloh, 2005

Die Legende von der Verzweiflung

Nachdem die Heiligen Drei Könige die Krippe des Jesuskindes in Bethlehem wieder verlassen hatten, strömten viele andere Gäste aus nah und fern herbei, um das Wunder der Heiligen Nacht selbst zu schauen. Die Geschenke, die die Menschen mitbrachten, stapelten sich schon neben Maria und Josef. Es war eine unvergleichliche Stimmung bei der heiligen Familie. Einige hatten spontan angefangen zu singen. Sich in die Arme zu nehmen. Die Freude war spürbar: Endlich war der lang ersehnte Retter auf die Welt gekommen.

Da drängte sich ein neuer Gast an den Menschen vorbei. Rabiat stieß er die anderen zur Seite. Unhöflich und griesgrämig näherte er sich der Krippe. Eine schwarze, dunkle Gestalt. Sein Umhang warf lange Schatten. Kälte ging von ihm aus.

Die Menschen, die ihn sahen, erschraken und wichen zurück. Jeder hatte diese Gestalt schon einmal vor Augen gehabt. Es war die Verzweiflung. Sie war keine drei Schritte mehr vom Jesuskind entfernt. Die Menschen hielten den Atem an. Was hatte die Verzweiflung hier an diesem heiligen Ort zu suchen? Die Lieder verstummten. Keiner nahm sich mehr in den Arm. Man hielt sich vor Furcht die Hände vors Gesicht. Jeder versuchte, der Verzweiflung nicht zu nahe zu kommen.

Dann stand sie vor Jesus. Die dunkle Gestalt warf einen verächtlichen Blick in die Krippe, schloss die Augen und dann die Hände zu Fäusten. Jeder konnte die hasserfüllten Worte hören, die der Verzweiflung über die Lippen kam: „Wir sehen uns noch!" Dann drehte sie sich um und ging mit grimmigem Blick aus dem Stall. Die mitleidvollen Besucher drängten sich um das Jesuskind und wollten es trösten. Aber sie sahen nur ein strahlendes Jesuskind, das unbeirrt durch sie hindurchschaute. Der Blick sprach Bände, als wolle es aus voller Überzeugung den Menschen zurufen: „Habt keine Angst! Fürchtet euch nicht!"

Jesus wuchs heran. Dreißig Jahre lang. Er schloss Freundschaften mit Kindern aus der Umgebung, er lernte zu arbeiten, die Bibel zu lesen, wurde immer wieder im Tempel gesehen, aber auch auf den grünen Wiesen, an den Bächen, mit den Tieren tobend. Dann begann er sein Wirken im Namen Gottes. Er durchzog mit seinen Jüngern das ganze Land. Und er war bei vielen Menschen ein lang ersehnter und gerngesehener Gast: bei denen am Rand der Gesellschaft, bei denen, die im Leben zu kurz kamen. Bei den Alten, Kranken, Einsamen, Hoffnungslosen. Bei den Lahmen und Blinden.

Mutlosen machte er Mut. Schuldigen brachte er die Botschaft von der Versöhnung. Lebensmüden gab er neue Hoffnung. Die Menschen spürten, wie ein neuer Geist das Land in Besitz nahm. Langsam begannen sie, neue Kraft und Hoffnung zu schöpfen.

Als Jesus eines Tages wieder von einer großen Volksmenge umgeben war, am Ufer des See Genezareth, drängte sich eine düstere Gestalt durch die Wartenden. Einige waren entsetzt, andere schubsten sie beiseite. Andere bedrohten sie. Aber die Gestalt ließ sich nicht einschüchtern. Wieder trug diese dunkle Gestalt den langen Mantel. In ihm waren viele Löcher – heruntergekommen war die Gestalt. Ein vermoderter Geruch ging von ihr aus. Die Menschen hatten längst erkannt, wer da zielstrebig und voller Grimm auf Jesus zuging: Es war die Verzweiflung.

Sie blieb vor Jesus stehen, bäumte sich auf, blickte ihn mit verzerrter Miene an und drohte ihm: „Was hast du hier zu suchen, Sohn Gottes? Verschwinde. Dies ist meine Welt, mein Reich. Die Menschen gehören mir!"

Jesus antworte souverän und ruhig: „Deine Herrschaft gehört der Vergangenheit an. Ich bin in die Welt gekommen, um den Menschen die Furcht vor dir zu nehmen. Ich habe das letzte Wort: ein Wort der Hoffnung, der Liebe. Ein Wort des Trostes!"

Die Verzweiflung spottete ob der Worte des Sohnes Gottes und erwiderte voller Trotz: „Du hast mir bisher zwar Schaden angefügt. Du hast sogar meinen Mantel durchlöchert. Tatsächlich hast du mir Ehre und Anerkennung geraubt. Aber meine Macht wirst du mir nicht entreißen! Wir sehen uns wieder!" Mit diesen drohenden Worten drehte sie sich um, rannte durch die Menge zurück und suchte das Weite.

Die Menschen blickten voller Furcht auf Jesus. Sie drängten sich ganz dicht an ihn und wollten den Saum seines Gewandes berühren. Jesus sah in ihre Gesichter und in ihren Augen erblickte er Entsetzen, Furcht, Schrecken. Er wusste einmal mehr: Diesen geliebten Gotteskindern musste er gegen die Verzweiflung beistehen, solange er auf dieser Erde war! Tag und Nacht waren Jesus die entsetzten, verzweifelten Blicke der von ihm so geliebten Menschen vor Augen.

In der Nacht, da er verraten wurde, löste sich aus der Menge derer, die mit Fackeln und

Schwerter um ihn herum standen, eine Gestalt. Den zerfledderten Umhang mit einem Gürtel lose befestigt, griff sie zu ihrem Schwert und näherte sich mit großen Schritten Jesus. Mit zorniger Stimme rief sie: „Rabbi!" Dann legte die Verzweiflung ihren Arm um Jesus und gab ihm einen Kuss. Sie hatte sich als Jünger verkleidet und ihr Name war Judas Iskariot.

Danach verschlug es Judas die Sprache und in seiner Verzweiflung rannte er fort, um sein Leben. Unter einem Baum ließ er sich nieder, wollte schreien, rufen, flehen zu Gott. Aber die Verzweiflung erstickte seine Sprache. Da wurde Judas von ihr überrollt und hängte sich auf an dem Baum, unter dem er sich niedergelassen hatte. Judas verlor sein Leben – voller Verzweiflung. Diese aber zog weiter an einen anderen Ort und versuchte, noch mehr Menschen in ihre Gewalt zu bringen.

Als Jesus hingerichtet wurde, stand die Verzweiflung nahe bei Johannes, seinem Lieblingsjünger, und Maria, seiner Mutter. Auch sie hatte die Verzweiflung ohnmächtig gemacht. Im Moment des Todes lachte die düstere Gestalt laut auf. Sie hatte gewonnen. Sie bäumte sich auf, machte sich groß, sodass sogar die Sonne bedeckt wurde. Es wurde stockdunkel auf Erden. Die Dunkelheit nahm die

Verzweiflung zum Anlass, um unbemerkt in die Welt der Toten einzudringen und auch dort zu herrschen. Doch als sie gerade ihren Siegeszug über Tote und Lebende antreten wollte, hörte sie einen Ruf: „Fürchtet euch nicht! Ich bin der Erste und der Letzte!"

Sie wunderte sich: Wer wollte ihr den Sieg streitig machen? Da erschien der Gottessohn in einem Licht, wie sie es noch nie gesehen hatte. Und sie ahnte, dass in diesem Licht kein dunkles Wort, keine hoffnungslose Zeit, kein zu Tode betrübtes und bedrohtes Gemüt mehr zu beherrschen war. Die Verzweiflung war mitsamt ihren Waffen besiegt. Das vermeintliche Ende des Sohnes Gottes war der Anfang des neuen Lebens und mit ihm des Glaubens, der Liebe und der Hoffnung.

Die Verzweiflung wurde danach noch von vielen Menschen an vielen Orten gesehen. Heruntergekommen, hilflos, ohnmächtig – so kam sie daher. Es schien, als jage sie wie von Sinnen von einem Ort zum anderen. Ohne Macht, ohne letztes Wort, ohne wirklich etwas zu sagen zu haben. All ihre Versuche, Menschen von ihrem Glauben, ihrer Hoffnung zu befreien, Menschen aus der Hand Gottes zu reißen, scheiterten kläglich. Die Verzweiflung war in ihrer Verzweiflung am Ende.

Ich wusste, dass du kommst!

Es war für die ganze Familie unfassbar, als Hans und Fritz am 26. Oktober des Jahres 1916 im Ersten Weltkrieg zur Wehrmacht eingezogen wurden. Sie sollten an der Front das Vaterland verteidigen. Im Laufe der Kämpfe waren schon Millionen Soldaten gefallen. Hans und Fritz, beide aus dem gleichen Dorf, beide Familienväter und beruflich erfolgreich, waren seit dem Kindergarten befreundet. Doch nun wurden sie mit anderen Soldaten an die Front nach Russland geschickt. Das galt inzwischen als sicheres Todeskommando.

Es war ein kleiner Trost für die beiden, dass sie gemeinsam gehen konnten. Sie hielten zusammen. Immer, wenn einer von ihnen verzweifelte, hatte der andere ein Mut machendes Wort, eine helfende Hand, eine tröstende Geste. An der Front angekommen wurden sie zusammen eingeteilt. Gleiches Bataillon, gleiche Kompanie. Tagein, tagaus: Feuergefechte unter unvorstellbaren Bedingungen. Immer wieder Zuflucht suchen in den Schützengräben. Dem Dröhnen und Peitschen der Kanonenschläge und Gewehrsalven ausgeliefert sein. Beißende Kälte, die jeden Handgriff nur unter Schmerzen zulässt. Alles in allem eine hoffnungslose Lage. Aber Hans und Fritz waren so gut es ging füreinander da.

Dann hörten sie eines Tages wieder den Befehl: „Raus aus dem Graben. Angriff!" Es war neblig. Der Boden war steinhart gefroren, ständig versank man in tiefen Schneewehen; eigentlich unpassierbar. Das Maschinengewehrfeuer machte ein Fortkommen unmöglich. Der Angriff wurde abgeblasen und der Rückzug angeordnet. Ab in die Schützengräben. Dort befahl der Kommandant, durchzuzählen. Hans bemerkte, dass Fritz nicht da war. Beim Rückzug konnte keiner mehr auf den anderen achten. Zu gefährlich. Jede Sekunde zählte! Auch war es zu neblig.

Hans war verzweifelt. Er schrie nach Fritz. Doch der meldete sich nicht. Da fasste Hans einen Entschluss. Er sagte zum Offizier: „Fritz hat es wohl erwischt. Ich muss ihn suchen. Er braucht mich!"

Der Offizier erwiderte: „Bleib da. Das ist viel zu gefährlich. Riskier nicht dein Leben für Fritz. Wenn er noch lebt, wird er es selbst schaffen. Wenn du gehst, bist du ein toter Mann."

Doch Hans ließ sich nicht abhalten. Um schneller rennen zu können, ließ er sein Gewehr zurück. Laut schrie er nach Fritz. Immer wieder stürzte er sich zum Schutz in einen Granattrichter und schaute sich vorsichtig um.

Drei Stunden lang dauerte die Suche. Der Offizier hatte Hans schon abgeschrieben, als er ihn plötzlich in der abendlichen Dämmerung zurückkommen sah. Auf den Schultern trug er Fritz. Doch der hatte es nicht geschafft. Er war tot. Auch Hans war beim Rückmarsch schwer getroffen worden. Er hinkte. Sackte immer wieder ein. Sein linker Arm war zerfetzt. Überall war Blut. Er konnte Fritz kaum noch tragen. Vor dem Offizier brach Hans zusammen. Der schickte schnell nach dem Lazarettarzt.

„Hans!", schrie der Offizier. „Ich habe dir doch gesagt, dass es völlig sinnlos ist. Du kannst für Fritz nichts mehr tun. Jetzt ist er tot und dich hat es schwer erwischt."

Hans richtete sich auf und erwiderte: „Es war beim besten Willen nicht sinnlos. Als ich Fritz nach langer Suche gefunden hatte, war er noch am Leben. Und als er mich sah, richtete er sich mit letzter Kraft noch einmal auf, sah mich an und sagte: ‚Hans, ich wusste, dass du kommst.'"

Seit Ostern wissen wir: Auch Jesus ist auf der Suche nach uns. Und diese Suche hat er sich alles andere als leicht gemacht: Er hat sein Leben riskiert und aufs Spiel gesetzt. Und er hat es sogar verloren! Gott setzt alles ein, und verliert in Jesus am Schluss sein Leben an uns. Jeder, der sich von diesem suchenden Gott in Jesus finden lässt, gewinnt das Leben. Wir gewinnen das Leben, das Jesus für uns aufgibt – damit wir das Leben haben! Ewiges Leben, wie es Jesus einmal ausdrückt.

„Ewig" meint im Hebräischen nicht nur zeitlich unbegrenzt, sondern vor allem „von unvergleichbarer und unüberbietbarer Qualität". Aus dieser Hoffnung dürfen wir in jedem Moment unseres Lebens schöpfen: Gott sucht nach uns. Wir dürfen damit rechnen, dass er jeden Moment durch Jesus zu uns findet und uns ewiges Leben schenkt.

Vivit! Er lebt!

Ein Konzentrationslager im Osten. Ein politischer Gefangener wird aus seiner Isolationshaft zu einem der zahllosen Verhöre abgeführt und hat viele Stunden intensiver körperlicher und seelischer Gewalt vor sich. Innerlich gedemütigt und gebrochen verlässt ihn langsam, aber sicher der letzte Lebensmut.

Mitgefangene scheuen sich davor, ihm Mut zu machen. Denn wer ihn anspricht, riskiert selbst sein Leben. Und dennoch: Einer der Mitgefangenen hinterlässt ihm auf dem Weg in die Verhörräume eine Nachricht und schreibt mit dem Besen, mit dem er den Hof fegen muss, „vivit" in den Staub. „Vivit", „Er lebt", der alte Osterruf, mit dem sich die Christen der Auferstehung Jesu vergewissern. Neuer Mut steigt in dem Gefangenen auf: Jesus lebt, mit ihm auch ich. So radikal dürfen Christen glauben: Egal, wohin sie der Weg führt, auf dem Weg ist der Auferstandene vorausgegangen. Und er wartet unterwegs immer wieder auf uns. Um uns aus der Kraft seiner Auferstehung durch Todesgefahren zum Leben zu bringen.

Auch Luther wird nachgesagt, in Stunden der heftigsten Anfechtung „vivit" mit Kreide auf Tische und Bänke, Wände und Türen geschrieben zu haben, um neuen Mut zu schöpfen. Seine Frau, Katharina von Bora, soll dieses Wort irgendwann in den Torbogen des Eingangs von Luthers Haus eingemeißelt haben, damit alles, Ausgang und Eingang, buchstäblich unter dieser Verheißung steht.

Wir leben von Ostern her! Und das bedeutet: Der Tod ist Vergangenheit und mit ihm die vielen kleine Tode, die wir täglich sterben müssen. Über allem strahlt das Licht des Auferstandenen und nimmt dem Tod den Schrecken. Und in allem trägt die Kraft des Auferstandenen und nimmt dem Tod das letzte Wort!

Von Originalen
und Kopien

Der Mutter-Flüsterer

Er war eine Seele von Mensch – mein lieber Freund Martin Höfer, der Gärtnermeister mit den großen erdschwarzen Händen und Fingernägeln und dem riesengroßen Herzen. Er hätte vom Alter her mein Vater sein können. Und er behandelte mich auch wie seinen Sohn.

Während meiner Schulzeit nahm er sich – seit der Kinderkirche – um mich an. Man könnte sagen, er hatte einen Narren an mir gefressen. Martin wusste, dass ich es mit dem Glauben sehr ernst nahm und einmal Pfarrer werden wollte. Schon früh lud er mich daher in den Hauskreis der Kinderevangelisationsbewegung ein. Und dort verbrachte ich ein, zwei Abende pro Woche, sehr zum Leidwesen meiner Mutter, die meine Noten vor Augen hatte und der Meinung war, ich müsse mehr für die Schule tun und weniger Zeit in Hauskreisen verbringen!

Martin bekam das natürlich mit, denn immer wenn ich mich zu Hause verabschiedete, ärgerte sich meine Mutter und rief mir irgendwas hinterher ... Zu Martin Höfer allerdings war sie sehr freundlich.

Nach dem Hauskreis nahm er sich immer noch lange Zeit, um mit mir in seinem großen Mercedes, der nach Blumen roch, zu reden. Und ich hatte einen, der mit großem Herzen mein ausgeschüttetes Herz vertrug. Zu diesem Herzausschütten gehörte auch, dass ich ihm erzählte, wie stressig es mit meiner Mutter war ... und was sie so über mein christliches Hauskreisengagement dachte.

Eines Tages dann hatte er eine glänzende Idee und damit den Dreh raus: Er brachte meiner Mutter einen großen Blumenstrauß vorbei und bedankte sich, dass sie mich in den Hauskreis gehen ließ – Woche für Woche. Danach war meine Mutter wie verwandelt. Es blieb nicht bei einem Blumenstrauß. Jede Woche brachte Martin für sie irgendwelche Blumen und Blümchen aus der Gärtnerei mit. Meine Mutter konnte es so mit der Zeit kaum erwarten, bis wieder Hauskreis war und Martin Höfer an der Tür klingelte. Ich glaube, er hat mich bis heute geprägt: Ich bringe meiner Frau von unterwegs am liebsten Blumen mit!

Papa, wer ist das?

Mein kleiner Sohn Dominik lernt in der ersten Klasse alles über Geld, also was ein Euro ist, ein Cent, 100 Euro, usw. Wenn wir zusammen einkaufen gehen, will er das natürlich ausprobieren und möchte überall mit dem Geld aus meinem Geldbeutel bezahlen. Das klappt eigentlich auch ganz gut, aber vor Kurzem hat er aus Versehen statt des 10-Euro-Scheins meinen Führerschein erwischt.

Er klappte ihn auf (ja, ich habe noch einen dieser schönen alten Papierführerscheine) und entdeckte das Bild darin. Völlig überrascht fragte er mich: „Papa, wer ist das denn?"

Leise sagte ich vor den aufmerksamen Ohren der Kassiererin zu ihm: „Dominik, das bin ich."

Er war verdutzt. Konnte es kaum glauben. Der Mann mit der großen Brille, dem komischen Bart, dem seltsamen Blick – das sollte sein Papa sein?

Nach einer Weile fragte er mich dann – während die Kassiererin immer noch die Ohren spitzte –: „Papa, warst du da im Gefängnis?"

Nun, wenn Sie das Bild sehen würden, könnten Sie meinen Sohn verstehen. Auch ich frage mich immer wieder: *Bin ich das wirklich? Ich vor 20 Jahren? Mensch, hat die Zeit mich verändert!*

Nach diesem Einkauf kam ich nach Hause und meine Frau hielt mir einen Brief unter die Nase. Von der Bußgeldbehörde aus irgendeiner Stadt. „Ihnen wird zur Last gelegt ..." Mist, man hatte mich bei einer Geschwindigkeitsübertretung erwischt. Sie hatten mich fotografiert. Und die Bilder gleich mitgeschickt. Meine Reaktion war: *Bin ich das wirklich? Man sieht da doch eine Person, die mit Sicherheit nicht ich bin.*

Doch beide Male bin ich es. Beides gehört zu mir: die Vergangenheit und all das Unperfekte, das Misslungene. Und für beides gibt es Zeugen ... damals die Führerscheinbehörde, heute das Verkehrszentralenregister. Überall ist man eingeschrieben.

Was sagt Jesus, frei formuliert?

„Freut euch aber, dass eure Namen im Himmel registriert sind."

Das heißt, dort kennt man mich auch. Ich bin keine Nullnummer, nicht irgendwer. Ich bin und darf so sein, wie mich Gott, der Schöpfer, geschaffen hat. Wie sagt Johann Wolfgang von Goethe: „Hätte Gott mich anders gewollt, hätte er mich anders geschaffen." Ich darf so sein, wie ich bin! Gott sei Dank!

Supermännchen

Es gab im Jahr 2005 eine Aktion mit dem Slogan: „Du bist Deutschland". Eine unpolitische Mutmacher-Kampagne für mehr Kinderfreundlichkeit. Darin hieß es motivierend: „Alle sagen, dass du keine Chance hast? Keiner aus deiner Familie hat es geschafft, zu studieren? Niemand aus deiner Gegend hat jemals erfolgreich ein Geschäft eröffnet? Aber was hat das mit dir zu tun? Max Schmeling wurde schon vor dem Kampf gegen Joe Louis zum Verlierer erklärt: In der zwölften Runde ging Louis k.o. Der Einzige, der über deinen Weg entscheidet, bist du. Box dich durch und werde ein Champion. Du bist Franz Beckenbauer. Du bist Albert Einstein. Du bist Deutschland. Du bist Ludwig Erhard. Ob du dein Ziel erreichst, entscheidest du, nicht das Schicksal. Auch du kannst dir dein Wunder erarbeiten. Du bist das Wunder von Deutschland."

Da steht der kleine Junge auf dem Sprungbrett im Schwimmbad. Sieben oder acht Jahre ist er alt. Er steht da, zitternd vor Kälte und vor Angst und schreit wie am Spieß: „Nein! Nein! Ich will nicht!" Seine Mutter wartet im Wasser auf seinen Sprung. „Darf ich jetzt duschen? Mir ist kalt", bittet er zitternd. Jedes Mal, wenn seine Mutter ihn wieder zum Sprung ermutigt, schreit er wieder: „Nein, nein, ich will nicht!" Bei genauerem Hinsehen fällt seine Badehose auf. Hellblau, mit einem rotgelben Abzeichen. „Supermann" ist da zu lesen. Tja, die Badehose hat ihm nichts genützt. Nicht überall, wo Supermann draufsteht, ist auch ein Supermann drin.

Manchmal ist es gut, wenn einem jemand so zuredet. Aber wir dürfen auch wissen: Der Weg wächst im Gehen. Und nicht jeder ist von sich aus ein Supermann. Und keiner von uns braucht ein Supermann zu sein. Jeder ist und bleibt, so wie er ist, einzigartig, unverwechselbar. Keiner von uns muss eine Kopie sein von Schmeling, Beckenbauer, Einstein. Schade nur, dass Gott jeden von uns als Original geschaffen hat, und so viele von uns als billige Kopie sterben.

Affentheater

Seit Monaten suchte er verzweifelt nach Arbeit. Aber wer gab ihm in diesem Alter noch eine Chance? Bisher hatte er nur Absagen erhalten. Mit fadenscheinigen Begründungen. Fast hatte er die Hoffnung aufgegeben, da las er in einer Zeitung eine Stellenanzeige: „Zoo sucht neuen Mitarbeiter".

Er nahm all seinen Mut zusammen und meldete sich beim Personalleiter. Dieser sagte zu ihm: „Es mag Sie vielleicht wundern. Wir suchen einen ganz außergewöhnlichen Menschen mit ungewöhnlichen Begabungen für einen interessanten Job. Vor einiger Zeit ist unsere Attraktion im Zoo gestorben. Der Gorilla wurde von allen Besuchern geliebt. Die Kinder konnten es kaum erwarten, durch die Scheibe mit ihm Schabernack zu treiben. Jetzt ist er tot und die Besucherzahlen gehen massiv zurück. Helfen Sie uns!"

Wie er denn helfen könne, zumal er keine Erfahrung mit Tieren habe, fragte der interessierte Mann zurück. „Leider fehlt uns im Augenblick das Geld für einen neuen Affen", sagte der Personalleiter. „Sie müssten also nur Folgendes tun: Ziehen Sie sich dieses Affenfell an, gehen Sie in das Gehege und verhalten Sie sich so wie ein Affe. Turnen Sie auf den Bäumen herum, kommen Sie immer wieder an die Scheibe und machen Sie dort Unfug mit den Kindern."

In der Tat, ein sehr seltsamer Job, dachte sich der Mann. *Aber gut, Geld ist Geld, Arbeit ist Arbeit, und bevor ich die Zeit zu Hause absitze, mache ich mich lieber hier zum Affen!* Gesagt, getan. Er unterschrieb den Vertrag, bekam das Affenkostüm und ließ sich von einem Wächter in die Umkleide führen. Dort hängte er seine Klamotten in den Spind und zog sich das Affenfell über.

Kaum war er im Gehege angelangt, kamen auch schon die ersten begeisterten Besucher. Kinder drängten sich vor der Scheibe und sahen dem neuen Affen zu, wie er sich als Erstes den Bauch mit den Bananen und Obststückchen vollschlug, die der Tierpfleger zu seiner Begrüßung in den Käfig gelegt hatte. Dann versuchte er etwas behäbig, den Baum zu erklettern.

Oben war eine Hängematte angebracht. Aber er verlor das Gleichgewicht und fiel hinunter. Die Kinder an der Scheibe johlten und trommelten mit den Händen gegen das Gehege. Die Erwachsenen applaudierten.

All das konnte der Mann im Affenfell nicht hören. Aber er sah die vielen Kindernasen, die sich an den Fensterscheiben platt drückten. Er schämte sich. Der Job war furchtbar. Die ersten Tage wollten scheinbar kaum vergehen. Oft legte er sich an die hintere Wand. Hinter dem großen Stein sahen ihn kaum Menschen. Dann machte er sich wieder an die Arbeit. Besser gesagt: Er machte sich zum Affen für die vielen Besucher. Mit der Zeit lief es immer besser. Geschmeidig kletterte er den Baum hoch, schwang sich über ein Seil wieder zu Boden. Drückte sich eine Banane nach der anderen hinein und wurde zum Publikumsmagneten.

An einem schönen sonnigen Tag wurde der Affe beauftragt, im Freiluftgehege zu arbeiten. Dort tollte er durch das Gras und die Wasserlache und machte sich auch draußen zum perfekten Affen. Ohne zu bemerken, dass der Wärter aus Versehen die Verbindungstür zum Tigergehege offen gelassen hatte. Der Tiger ließ sich seine Freiheit nicht nehmen und tapperte neugierig in das Gehege des Affen. Als der Mann im Affenkostüm den Tiger erblickte, erstarrte er. Er versuchte zu flüchten, kam aber vor lauter Angst nicht den Baum hinauf. Das Eisengitter des Käfigs war ebenfalls fest verschlossen.

Der Tiger kam immer näher. Plötzlich stand er vor dem Affen. Er fauchte. Der Affe konnte den üblen Atem des Tigers schon riechen. Er fing an zu wimmern. Erst ganz leise, dann immer lauter: „Hilfe! Hilfe! Bitte nicht!"

Da hob der Tiger plötzlich seine Tatze, legte sie dem Affen auf den Mund und flüsterte ihm zu: „Hör doch auf zu brüllen, du blöder Affe! Sonst verlieren wir beide heute noch unseren Job!"

Machen wir uns nicht oft vor uns selbst, vor anderen und vor Gott zum Affen, wenn wir Masken tragen? Die Wahrheit verbergen wollen? Und geht es uns denn wirklich gut, wenn wir uns und anderen ständig etwas vormachen, vorgaukeln, vortäuschen?

Ist es nicht so:

Wer in der Liebe lebt, darf alle Masken fallen lassen.

Wer geliebt wird, darf sein, wie er ist.

Er darf lachen und weinen. Er darf können und nicht können. Er darf gewinnen und verlieren. Er darf oben sein und ganz unten.

Wer geliebt wird, darf sein, wie er ist.

Er braucht nicht allen Erwartungen zu entsprechen. Er braucht anderen nichts vorzumachen. Muss sich vor

Gott und den Menschen nichts beweisen. Er darf „Nein" sagen, „Aber" und „Trotzdem"!

Wer andere liebt, wird barmherzig mit sich und den Menschen.

Den darf kümmern, kränken und schmerzen – das Leid der anderen, die Hilflosigkeit, die Ohnmacht, die Wut.

Die Liebe wird die Wahrheit erträglich machen. Die Liebe wird Einsamkeit auflösen. Die Liebe wird die Hilflosigkeit wandeln.

Die Liebe trägt uns und hält zu uns. Die Liebe ist für uns und nicht gegen uns. Sie ist mit uns und nicht fern von uns.

Zwei Taschen

Aus der jüdischen Überlieferung stammt folgende Lebensweisheit: Ein Mensch sollte auf seinem Lebensweg immer zwei Taschen dabei haben. In der einen Tasche sollte ein Zettel mit den Worten zu finden sein: „Gott hat die ganze Welt nur wegen mir gemacht." In der anderen Tasche wiederum ein Zettel, auf dem steht: „Bedenke Mensch, dass du Staub und Asche bist." Die erste ist die Tasche der Möglichkeiten. Die zweite die Tasche der Begrenztheit. Nichts anderes will man uns damit auf den Lebensweg geben, als: Unser Leben spielt sich ab in der Spannung von Weite und Begrenztheit.

Weit wird unser Leben durch die von Gott geschenkten Chancen, Möglichkeiten, Gaben und Talente und das, was wir daraus machen. Heißt eigentlich: Die ganze Welt steht dir offen.

Alles ist möglich, dem der da glaubt! „Gott hat die ganze Welt nur wegen mir gemacht." Da steckt zwischen den Zeilen aber auch eine ungeheure Wertschätzung: Ich bin es Gott wert, dass er mir eine kleine, meine kleine Welt schafft, in der ich leben darf!

Aber auch die Unmöglichkeiten gehören zu unserem Leben. Das Begrenztsein. Ich muss nicht alles können. Ich muss nicht die ganze Welt verändern. Ich muss es nicht allen recht machen. Ich muss nicht über meinen Möglichkeiten leben. Da steht zwischen den Zeilen eine große Entlastung: Ich darf in aller Freiheit zu dem stehen, was mir möglich und unmöglich ist. Ich darf so sein, wie ich bin: mit Gaben und Grenzen, mit Stärken und Schwächen!

Das Möchtegern-Schnitzel

Auf einer Skifreizeit wurden wir von einem befreundeten Ehepaar bekocht. Eigentlich servierten sie jeden Tag geniales Essen – bis auf den vorletzten Abend der Freizeit. Da gab es Reisbrei. Nichts für Fleischliebhaber wie mich. So habe ich mich dann auch in der Bibelarbeit humorvoll „beschwert". Es würde mir heute Abend schwerfallen zu predigen, mit nur Reisbrei im Magen, usw. Mit dem erfolgreichen Ergebnis, dass mir die Küche am letzten Abend tatsächlich Schnitzel gebraten hatte. Zwei Stück. Schön garniert mit Gemüse. Fantastisch!

Nachdem ich mich bedankt und mit der Gruppe einen Tischkanon gesungen hatte, schnitt ich ein erstes kräftiges Teil ab und schluckte es herunter. In diesem Augenblick merkte ich, dass an dem Braten etwas faul war. Das Schnitzel schmeckte fade und zäh – irgendwie ungenießbar. Aber ich wollte mir nichts anmerken lassen… also, zweite Portion. Mund voll. Salat dazu, ein bisschen Sprudel zum Hinunterwürgen.

Ich merkte dabei nicht, dass ich beobachtet wurde! Die Gruppe grinste vergnügt vor sich hin. Da kam der Koch lachend aus der Küche und klärte mich auf. Die Köche hatten mir den Brei ganz schön verdorben: Zwei Spülschwämme aus dem Supermarkt hatten sie liebevoll und mühevoll paniert. Zum Glück blieb das bisher Geschluckte, wo es war …

Übrigens: Wer gedacht hätte, man könnte Schnitzel aus Spülschwämmen mit einem kurzen Klaren oder etwas Ähnlichem runterspülen: Pfeifendeckel! Unser Haus war vom Blauen Kreuz und damit absolut alkoholfrei.

Die freundliche Lektion: Pfarrer, beschwer dich nicht vor der Gruppe über das Essen. Auch Reisbrei ist gesund! Nicht nur Schnitzel! Die Lektion habe ich gelernt. Reisbrei esse ich allerdings bis heute nicht. Und ich habe noch etwas gelernt: Nicht in jedem schön verzierten und freundlich servierten Leckerbissen steckt wirklich etwas Genießbares. Anders gesagt: Gesegnet sind die Menschen, die wirklich sind, was sie vorgeben. Die echt sind. Authentisch. Die nicht ins Schaufenster legen, was sie dann doch nicht vorrätig haben, oder was es gar nicht gibt. Diese Menschen sind ein Genuss für alle!

Der unsichtbare Klavierspieler

In einem großen Klavier lebte seit vielen Jahren eine große Mäusefamilie. Bequem, gemütlich, zwar immer beschäftigt, aber doch sehr fröhlich und zufrieden. Sie fühlten sich wohl in ihren vier Wänden, und das Besondere an ihrer Welt war, dass von Zeit zu Zeit überall wunderschöne Melodien zu hören waren. Wenn die Mäuse diese Musik hörten, ließen sie alles stehen und liegen und lauschten. Wie verzaubert waren sie von diesen Klängen.

„Hört ihr", murmelte man sich zu, „das ist unser unsichtbarer Klavierspieler." Und den hatten sie im Laufe der Zeit wirklich in ihre Herzen geschlossen. Unendlich lieb hatten sie ihn, weil er so schön spielen konnte.

Eines Tages machte sich eine kleine, freche Spitzmaus auf, um den höher gelegenen Teil des Klavieres zu erkunden. Sie packte ihre Siebensachen und zog los. Die anderen Mäuse wollten sie von der gefährlichen Reise abhalten, aber die Spitzmaus dachte sich: *Ich will's wissen.*

Nachdem sie fort war, vergingen Stunden, Tage und Wochen – doch von der Maus war keine Spur mehr zu sehen! Die Mäuse wurden immer unruhiger. Was wohl mit ihr passiert sein mochte? Endlich, nach vielen Wochen, klopfte es an der Tür. Die Mäuse öffneten, und da stand sie, die kleine freche Spitzmaus. Etwas außer Atem und erschöpft, aber sehr aufgeregt rief sie: „Freunde, Freunde, wir müssen sofort eine Mäuseversammlung einberufen, denn ich habe herausgefunden, wer die Musik macht."

Von überall her kamen die Mäuse angerannt und lauschten den Worten der Spitzmaus: „Freunde, Freunde, wie konnten wir nur glauben, dass es ein unsichtbarer Klavierspieler sei, der die Musik macht! Nein, ich habe es mit eigenen Augen gesehen: Es sind lauter kleine Metalldrähte, die vibrieren hin und her und machen dort die Musik."

Als die Spitzmaus ihren Vortrag beendet hatte, gingen die Mäuse betrübt nach Hause. So recht konnten sie es noch gar nicht glauben: Ihren unsichtbaren Klavierspieler sollte es gar nicht geben? Nur Metalldrähte, sonst nichts? Aber was diese Maus gesagt hatte, hörte sich wichtig und richtig an, also musste es wohl auch stimmen. Und so kam es mit der Zeit, dass keine der ernst zu nehmenden Mäuse mehr von einem unsichtbaren Klavierspieler sprach.

So vergingen die Jahre. Die Welt der Mäuse wurde fortschrittlicher und moderner. Da machte sich ein Forscherteam auf, um die alte Theorie bezüglich der Metalldrähte noch einmal zu überprüfen. Nach einigen Tagen kamen sie zurück. In ihrer wissenschaftlichen Veröffentlichung war zu lesen: „Nach unseren Erkenntnissen müssen wir leider die alte Theorie der Metalldrähte infrage stellen. Für die Musik sind nicht Metalldrähte verantwortlich, und schon gar nicht eine unsichtbare Macht, ein Klavierspieler, wie wir lange glaubten. Die Musik entsteht nach unserer gesicherten Erkenntnis durch Holzhämmer. Lauter kleine Holzhämmer schlagen gegen die Metalldrähte, und dadurch entsteht die Musik."

Nach dieser Verlautbarung wurde der unsichtbare Klavierspieler von den Mäusen endgültig in die Welt der Sagen und Märchen verbannt. Allerdings hat es sich dieser unsichtbare Klavierspieler bis heute nicht nehmen lassen, in der Welt der Mäuse weiterhin die schönsten Melodien zu spielen.

Ich habe den großen Wunsch, dass diese Geschichten wirklich Hoffnung verbreiten! Und eventuell meine Leser anregen, selbst Hoffnungsgeschichten zu sammeln, zu erzählen und aufzuschreiben. An dieser Stelle muss ich gestehen: Ich bin neugierig! Wenn Sie daher möchten, schreiben Sie mir gern Ihre Hoffnungsgeschichten (heiko.braeuning@t-online.de). Mit ein bisschen Glück finden Sie dann Eingang in ein nächstes Buch!

Ihr Heiko Bräuning

_____

_____

_____

_____

_____

_____

Stichwortverzeichnis

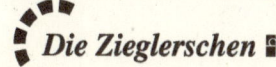
Die Zieglerschen

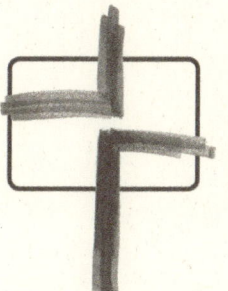

Stunde des
Höchsten

DER FERNSEHGOTTESDIENST AUF BIBEL TV

WÖCHENTLICH
Der wöchentliche TV-Gottesdienst der Zieglerschen aus der Kapelle auf dem Höchsten, mit herrlichem Panorama auf den Bodensee und die Alpen.

GEBÄRDENSPRACHE
Der erste TV-Gottesdienst, der wöchentlich inkl. der Musik in Deutsche Gebärdensprache (DGS) übersetzt wird.

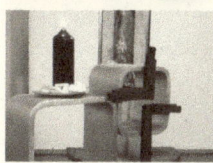

MATERIALIEN
Wir bieten umfangreiche Materialien für Gemeinden, Hauskreise, Andachten und Besuchsdienste, sowie Booklets und eine eigene CD-Edition.

SO ERREICHEN SIE UNS
Telefon: 01805 135 000*
E-Mail: post@
stunde-des-hoechsten.de

*14 Cent/Minute aus dem deutschen Festnetz, Mobilfunkpreise können abweichen

SPENDENKONTO: STUNDE DES HÖCHSTEN, EKK KASSEL
KONTO 135 135, BLZ 520 604 10, IBAN: DE 48 5206 0410 0000 1351 35, BIC: GENODEF1EK1

www.stunde-des-hoechsten.de

CD Lebenszeichen

Lieder von Heiko Bräuning

Lieder, die ein Zeichen des Lebens sind. Lieder, die Zeichen der Hoffnung setzen. Lieder, die ermutigen und trösten.

CD 52 07211
Liederheft mit drei Bonusliedern: 52 57211

cap-music • 72221 Haiterbach-Beihingen • Tel.: 07456-9393-0 • info@cap-music.de
www.cap-music.de

Weitere Lieder von Heiko Bräuning

Zwei Meilen weit

CD 52 07208
Liederheft 52 57208

Du lädst uns heute ein

CD 52 07209
Liederheft 52 57209

Hand aufs Herz ...

CD 52 07200

CD-Cards mit Liedern von Pfarrer Heiko Bräuning.
Zu vielen Anlässen und Themen.

Das Besondere: Die persönliche CD-Card
„Fürchte dich nicht".
Siehe die Geschichte aus diesem Buch
„Ich will, dass er wieder tanzen kann!"

Einen vollständigen Prospekt gibt es beim
cap-Verlag.

cap-music • 72221 Haiterbach-Beihingen • Tel.: 07456-9393-0 • info@cap-music.de
www.cap-music.de